# 개 같은 내 인생

한번 들어볼래?

# 개 같은 내 인생

**한번 들어볼래?**

고생이 낙이 된다는 옛말이 헛말이 아니여!

글 이가원

개 같은 내 인생의 85년을 돌아보며
몇 자 적어보려 합니다.

# 추천의 글

안녕하세요.
저자 이가원 할머니의 둘째 아들입니다.
결국엔, 기어코 자서전이 출간되는군요.

제 어머니는 하실 말씀이나 생각하는 것을 절대 다음으로 미루지 않으시는 분입니다.
어머니께서 정말 잘 대해주었던 사람인데도 말 한마디에 서운해하며 원망하고 돌아선 사람들도 많습니다.

어머니는 하실 말씀, 하고 싶은 것은 꼭 하셔야 하

는 분이십니다.

6.25 전쟁 당시 어머니는 초등학생이셨는데,

동네에 처들어온 북한군에게 **"빨갱이라고 배웠는데 안 빨가네?"**라고 말했다가 총에 맞아 죽을 뻔하셨던 적도 있었다고 하십니다.

그러면서도 저희 아들 삼형제에게는 엄격하면서도 자상한 엄마였습니다.

하루는 막냇동생이 장난을 치다가 유리창이 깨지고 손목동맥을 베어 피가 분수처럼 쏟아지는 일이 있었습니다.

어머니께서는 망설임없이, 수건으로 동생의 손목을 꽉 부여잡고 1km 거리의 병원까지 안고 달려가셨습니다. 울면서 뒤따라갔던 저는 지금도 종종 모성애 가득한 그 뒷모습이 생각납니다.

때론 여장부같은 강단있는 성품에 지 역시 갈등과

마음의 상처들을 받은 적이 있지만, 어느덧 55세의 부모가 되어보니 어머니와 함께했던 삶의 여러 촌극이 흑백필름처럼 회상되며, 그 마음이 조금은 이해가 됩니다.

　모든 부모님들은 각자의 인생에서 주인공으로 최선을 다해서 살아오셨을 겁니다.
　이 책을 읽으시며 여러분 부모님들의 이야기도 한번 떠올려 보시고,
　유별난 할머니이자 어머니, 아내, 그리고 여자로 살아오신 저희 어머니이신 이가원 여사의 이야기도 한번 듣고 귀 기울여 주세요. 그리고 억척스럽지만 당당하게 삶을 개척해 오신 저의 어머니의 인생을 응원해 주시면 감사하겠습니다.

p.s

지나온 시간을 되짚다가 한가지 아쉬운 것은 어머님이 부산의 큰 손으로 나름 잘 나가실때 누군가 일산의 밭 5만평을 4천만원에 사라고 해서 같이 가셨는데 포도밭이었다고 합니다.
**"내가 포도밭사서 뭐할라고"** 하면서 장어만 실컷 드시고 오셨다고 합니다.
지금 그 땅은 일산 신도시가 되었습니다. ㅜㅜ

# 추천의 글

이가원 작가의 '개 같은 내 인생'을 읽으며 왜 제목을 그렇게 정했을지 궁금했습니다.

아마도 '개 같이 벌어서 정승같이 쓰라는 말이 아닐까?' 하며 책을 읽었습니다.

85세까지 살아오신 파란만장한 인생을 살펴보니 일수도 하셨고, 카페도 운영하시며 그야말로 억척같이 여장부의 삶을 사신 것을 알 수 있었습니다. 또 그리 어렵게 번 돈을 당신께서 다니시던 절의 도로를 포장하는데 과감하게 기부하는 모습을 보며 감동도 받았습니다.

자식들이 다니던 학교의 어려운 학생들을 위해 장학금을 남모르게 전달하신 따뜻한 마음도 잔잔하게 느껴집니다.

지역의 두려운 깡패조차 품에 들이며 취직까지 시켜주는 그 마음씨는 누구라도 본받을 만큼 존경받아 마땅한 삶입니다.

이제 남으신 인생에서 그토록 찾으시던 '순자'와 어려울 때 함께 했던 친구들을 꼭 다시 만나기를 바라며 두 번째로 기획하고 계신 '왕 같은 내 인생'이 출간되기를 간절히 기대하겠습니다.


경기도의원
서광범

# 추천의 글

처음에 이 책에 관한 이야기를 듣고 작가의 나이에 놀랐고 두 번째 제목에 웃음이 절로 나왔습니다. 그리고 이가원 작가의 인생이 궁금해졌고 그녀의 다음 이야기가 기대됩니다.

그 시대에 남성이었더라면…. 아니, 여성이었어도 여장부처럼 살아오신 이야기는 충분히 글을 남기고 싶은 심정이 깊이 느껴집니다.

진실하고 솔직하게 고민하며 한 글자 한 글자 담아내신 노력에 찬사를 보냅니다.

개 같은 인생 속에 꿋꿋하게 살아오시고 주변에 어려운

사람들을 챙기시는 바다 같은 마음에 존경을 표하며 당신은 분명 황금 같은 인생을 사셨다고 감히 말씀드립니다.

같은 여성으로서 그 힘난한 인생을 간접 경험하는 마음으로 글을 읽으며 앞으로 살아갈 지혜를 배워봅니다.

이미 늦었다고 생각하시는 분들에게 이 책은 많은 귀감이 될 것입니다. 남들이 너무 늦은 나이라고 얘기할 때 이가원 작가님은 새로운 시도를 하셨고 많은 분에게 의미 있는 메시지를 주셨습니다.

이것을 시작으로 2탄도 기다리겠습니다.

85세에 작가님의 호칭을 받으신 이가원 작가님! 응원합니다. 힘들어하는 여성들에게 살포시 선물하고 싶은 책입니다.

출간을 진심으로 축하드립니다.

여주시의회 시의원
## 이상숙

# 추천의 글

한국의 경제 성장은 '한국의 눈부신 발전' 또는 '한강의 기적'이라고 불릴 만큼 단기간에 폭발적으로 이루어졌다. 그것은 그 시대를 버텨준 어른들 덕분에 산업화는 물론 민주화까지 동시에 이루어낼 수 있었던 것이다. '어른이 어른다워야 대우를 해 주지'라는 말을 가끔 들을 때마다 나는 '일제시대를 지내고 전쟁을 겪으며 그 잔재(殘滓)를 품고 한국의 국민으로 살아온 것만으로도 모든 어른들은 대우를 받아야 마땅하다'라고 생각했다.

이 책은 일제 때 태어나 전쟁을 겪고 젊은 시절 경제활동을 한 바로 그 어른께서 직접 당신의 삶을 그리신 것이다. 현재의 우리가 존재할 수 있게 과거를 살아오신 분이 건강하게 살아계신 것만으로도 감사한데, 그분께서 과거를 이야기해 주며 현재와 미래세대에게 당부의 말씀까지 해 주신다.

글쓰기를 전문적으로 해 본 적이 없는 분이, 음식 장사를 업으로 삼으신 분이, 고령에 암 수술을 두 번이나 하신 분이, 새벽 병실에서 손수 초고(礎稿)를 작성하시고 출판까지 한 것은 또 다른 기적이라고 본다.

이분께는 대부분의 사람들이 '젊은이'이다. 이 책은 '나이 많아서 할 수 없다'고, '이제 와서 무슨 부귀영화를 누리자고 하냐'며 노년의 생활을 도전하지 않는 젊은이들에게 경종(警鐘)이 될 수 있겠다.

p.s

제 어머니께서는 제가 어릴 때부터 지금까지 "내 이야기를 책으로 쓰면 눈물 없이 읽을 수 없어"라고 하시며 했던 말씀을 또 하시고 또 하셨습니다. 저는 이번에 이 책을 선물하며 '엄마도 말만 하지 말고 진짜로 엄마의 인생을 써 봐. 내가 여러 번 읽을게.'라고 했습니다. 저희 엄마처럼 이 책으로 이가원 님의 동년배들께서 희망을 품는 계기가 되었으면 좋겠습니다.

중원대학교 한국어교육문화학과 초빙교수
김나영

## 시작하며

개 같은 내 인생의 85년을 돌아보며 몇 자 적어보려 합니다.

저는 경상남도 의령군에서 만석 부자의 손녀로 태어났습니다. 제가 태어나기 전부터 우리 아버지는 몹시 몸이 안 좋으셨는데도 만석꾼 영감님이시라 기생집을 전전하며 사셨습니다. 내가 태어나고 1년도 못 되어 지금으로 치면 당뇨 합병증으로 돌아가셨습니다. 우리 어머니는 저년이 태어나서 아버지가 돌아가셨다고 제는 무척 억울한 누명을 씌우셨습니다. 그래서 젖도 잘 안 주고 구박했다고 합니다!

7남매의 막내로 태어난 죄로 오빠들한테서 수도 없이 머리에 알밤을 맞고 언니에게는 꼬집히고 집안의 구박덩어리로 살았습니다. 그러다 보니 한이 참 많이 쌓여 갔습니다. 가출도 여러 번 생각했지만 막상 갈 곳이 없었습니다.

어떻게 보면 정말 개처럼 살았구나 싶어 책 제목을 개같은 내 인생이라 지었습니다. 그렇지만 읽으시는 분은 이렇게 산 인생도 살만한 가치가 있고, 사는 중에 즐거움과 기쁨도 있었구나 생각해주세요. 고생이 낙이 된다는 옛말이 헛말이 아님을 제가 살아본 경험으로 말씀드립니다.

음식 장사를 하면서 수도 없이 많은 사람을 먹였습니다. 사람들이 내 가게를 나가면서 입맛을 다시며 맛있게 잘 먹었다고 인사할 때 사는 보람이 차올랐습니다.

이 책은 특히 젊은이들이 읽어주셨으면 좋겠습니다. 제 인생 이야기를 읽으시면서 힘을 얻고 때로는 웃음도 짓게 되기를 바라는 마음에서 가감 없이 적었습니다. 그러니 너무 옛날 일이라 치부하지 말고 재밌게 읽어주시면 좋겠습니다.

# 목차

추천의 글 / 4
시작하며 / 14

**1부___**

의령 촌년 / 23
직장생활의 단꿈 / 29
졸지에 누나? / 34
첫사랑의 추억 / 39
맞선은 어려워 / 43
서러운 시집살이 / 48
내 남편 병은 내가 고친다! / 55
부산에서 새로 시작된 내 인생 / 63
다시 직장생활! / 68

**2부___**

사업가의 길로 / 75
생애 첫 내 집 마련 / 81
부전시장의 일수 아줌마 / 88
치맛자락 날리는 학부형 이사 / 94

꿈꾸던 이층집으로 / 104
카페의 여사장 / 109
호랑이 사장님 / 119
이웃을 향한 눈 / 121
의령 자굴산 절로 가는 길 공사 / 124
'다나까' 수상 / 132

## 3부___

서면시장의 럭키 대리점 / 145
부도!! / 149
집에 부처를 모시다 / 153
제주도 생활 / 158
건대 앞 '스시오' / 160
암이 2개나 있는 몸 / 165
생즉사 사즉생! / 168
암 환자 친구들에게 / 173
인사의 말 / 178
청년들에게 드리는 당부의 말 / 180
연표 / 182

# 1부

## 의령촌년

## 의령 촌년

(내 나이 11살에) 6.25 한국전쟁이 터졌다. 북한의 인민군이 마을에서 제일 컸던 우리 집을 점거해서 매일 가마솥에 밥하고 소, 돼지, 닭을 잡아 오게 했다. 그러다 큰 머슴 작은 머슴을 두고 언니, 엄마와 의령 자굴산 산봉으로 이틀을 걸어 피난 길을 떠났다. 그래봤자 산에서는 먹을 것이 없어 산나물을 뜯어 먹고 큰 바위 밑에서 흐르는 물로 배를 채우니 죽을 고생이었다. 산에서 내려오니 마을은 이미 미군이 점령하고 있었다. 집에 돌아가니 우리가 운영하던 큰 정미소에는 정부

에서 보관하는 쌀·보리가 다 타고 난 잿더미가 산처럼 쌓여 있었다.

후에 의령군에서 조사하더니 전쟁 통에 가장 큰 피해를 본 집이라며 쌀을 주었다. 학교도 타버려 야산에 가마니 깔고 공부했다.

그러던 중 셋째 오빠가 서울대학교로, 내 바로 위 오빠는 부산대학교로 진학했다. 등록금 한번 낼 때마다 쌀을 한 손수레를 실어 내다 팔았다. 어머니가 시래기죽을 먹어 가며 공부시킨 자식들은 효도는 못 할망정 영 망나니였다.

큰오빠가 취직하였다고 해서 어머니와 나는 밤 열차를 타고 오빠 집에 갔다. 다음 날 아침 자고 일어나 아침을 먹는데 엄마에게 늙은 사람이 무슨 밥을 그렇게도 많이 먹냐고 타박을 하였다. 상에는 조기구이 하나 없이 콩나물국에 된장이나 있었는데도. 시골 할머니 밥으로 배를 채우고 내가 울면서 어머니에게 집에 가자고 했다. 기차 안에서 얼마나 울었는지 모른다. 그 후로 나는 그 오빠와는 친해지지 않았다.

그런데도 오빠가 공부는 잘했다. 영국 가서 박사까지 했는데 부모·형제에게는 너무나도 모질게 대했다. 20여 년 소식을 끊고 지냈지만, 형제 보고 싶은 생각은 하나도 없다. 셋째 오빠는 서울대학을 졸업하고 의령고등학교 영어 선생님으로 취업을 하였다. 중학교만 졸업하고 시골집에서 놀고 있는 나를 의령고등학교 입학을 시켜줬다. 중학교 친구들이 선배가 되어 나를 놀리기도 했지만 나는 절대 기가 꺾이지 않고 열심히 공부해서 복수하리라 다짐했다.

우리 집은 시골이라 학교가 고개 넘어 5리 길이었다. 고등학교 남녀공학 1학년 때는 옆도 안 돌아보고 열심히 공부했는데, 2학년 때는 사춘기가 와서 힘들게 넘겼다. 우리 동네 뒷동산을 지나면 덕암초등학교가 나왔는데, 하루는 섬마을 선생님 같은 빡빡머리 총각 선생님이 그길로 지나갔다. 하지만 나는 별로 신경 쓰지 않았다. 그런데 1년 동안 꼭 그 시간, 그 자리에서 마주치게 되니 '어떤 사람일까?' 하는 호기심이 생겼다. 마침 친구 집에 놀러 갔다가 그 선생이 친구 옆집에 살고 그 집은 의령초등학교 교장 선생님 집이라고 해서 그런가 보다 했다. 하루는 사촌 동생을 학교에서 만났는데 책을 하나 주면서 아침에 만나는 총각 선생님이 언니 주라고 하더라고 전해 주었다. 무의식적으로 책을 펼치니 시가 한 수 적혀 있었다.

"아침마다 그 시간이 오면 조용한 내 마음에 호수처럼 물결이 칩니다. 또 내일 아침이 한없이 기다려집니다."

편지를 받기 전에는 까까머리 선생님 참 괜찮다고 생각했는데 막상 그런 편지를 받고 나니 보기 싫어지고 학교도 가기 싫어 매일 지각을 했다. 그 선생님과 마주칠까 봐 피하느라 그랬다. 할 수 없이 매일 지각생이 되어 화장실 청소했던 기억이 아직도 생생하다.

내게는 외삼촌이 하나 있었다. 우리 어머니가 공부를 다 시켜주셨는데 지금 생각하면 외항선 선장이셨다고 한다. 그 외삼촌에게 사정했다.

"외삼촌, 나 대학도 못 가고 돈도 벌어야 하니 취직 좀 시켜주세요."

"니 배 타고 바다 나갈 수 있나? 그라믄 시켜줄게. 안 그라믄 시집이나 빨리 가라!"

벼락같이 소리를 지르니 나는 겁이 나서 그만 울고 말았다. 집에 와서 어머니한테 외삼촌 이야기를 했더니 첩질을 하느라 고향이고 부모님 제사고 눈에 보이는 것이 없다면서 인연을 끊어야겠다고 하면서 눈물을 훔치셨다.

원망하는 마음을 품고 친구 집에 가다 보니 학교 운동장에 큰 버스가 2대가 와 있는 거다. 무슨 일인가 궁금해 친구와 가봤다. 대구에서 제일모직 공장을 짓는데 사장이 이병철 씨고 그 사람 고향이 의령군 정곡면이라 고향에 와서 의령 사람만 직원을 뽑는다고 했다. 나는 두말할 것 없이 서둘러 친구와 신청했고 바로 합격했다.

# 직장생활의 단꿈



　부푼 가슴을 안고 집에 와 어머니에게 돈 많이 벌어 엄마 줄게 하며 호언장담을 하고는 그 길로 괴나리봇짐을 싸서 친구와 대구로 갔다. 태어나서 처음으로 대구에 간 것이다. 큰 빌딩과 기숙사가 있는 도시 풍경에 눈이 휘둥그레졌다. 기숙사는 한 방에 6명씩 사용하는데 너무너무 좋았다. 첫 월급이 얼마였는지 금액이 정확히는 기억나지 않지만 2만 원 조금 넘었던 것 같다. 그 돈으로 시골집에 송아지를 한 마리 사주었더니 어머니가 얼마나 좋아하시던지 춤을 추면서 막내딸이 최고라고 동네잔치를 벌였다고 하셨다.

고향 시골에 살 적에는 추석과 설날 명절에만 가마솥에 물을 끓여 목욕을 했는데 기숙사에는 큰 목욕탕이 있어 좋았다. 아침저녁으로 목욕을 하고 나니 시골 아가씨 테가 쏙 빠지고 완전 도시 여자가 되었다고 친구에게서 놀림을 받았다.

기숙사 생활은 행복했다. 근무를 안 하고 쉴 때는 방안에서 뒹굴며 내가 여왕이 된 것처럼 좋았다. 일요일이면 사람들이 모두 외출을 하는데 나는 길도 잘 모르고 돈도 없고 입을 옷도 마땅찮아서 6개월을 기숙사에만 갇혀 지냈다. 하루는 식당에서 점심을 먹고 정원을 한 바퀴 돌아 기숙사 입구로 들어가는데, 여왕벌이라는 별명을 가진 아주 무섭고 엄격한 사감과 마주쳤다. 고개도 못 들고 인사를 하니 "너는 왜 외출을 안 했니"하고 빙긋이 웃으면서 내 머리를 쓰다듬어주면서 다음 일요일에는 시내 구경도 하고 맛있는 것도 사

먹으라고 하였다.

그 일을 친구에게 전하니 친구도 기숙사 방에 처박혀 있지 말고 시내 구경 가자고 제안하였다. 그다음 일요일이었다. 버스를 타고 대구역 앞에 내리니 길도 모르는 의령 촌년이 어리벙벙 주변을 기웃거리다 역 앞에 있던 음악감상실 간판을 보게 되었다. 친구와 손잡고 올라갔더니 희미한 불빛 아래 담배 연기 자욱하고 통기타를 치면서 노래를 하는데 숨죽이며 들어갔다. 탁자에 앉으니 시키지도 않았는데 노란 주전자에 막걸리와 묵 한 접시를 김치를 곁들여 갖다 주더니 선불이라고 한다.

"얼마인데요?" 내가 물었다.

"처음 왔어요?"

그러더니 손가락을 3개 펴길래 우리는 3백 원인 줄 알고 3백 원을 건넸더니, 3천 원이라고 하였다. 우리 둘 다 지갑 탈탈 털어 가진 돈을 합쳐 간신히 3천

원을 만들어 주고 나니 돌아갈 버스비도 남지 않았다.

둘이 막걸리 한잔을 먹으면서 얼마나 웃고 또 웃었던지! 그때 옆좌석에서 젊은 학생이 부침개 한 접시를 들고 와서 **"누님들 잡수세요"**라며 우리 탁자에 놓고 갔다. 부끄러워서 고개도 못 들고 인사도 못 했지만, 점심을 안 먹은 처지라 그 학생이 건네준 부침개 한 장을 맛있게 먹었다. 그다음에야 차차 눈을 들고 주위를 돌아보니 전부 쌍쌍이 앉아서 뽀뽀도 하고 담배 연기 가득한 희미한 홀에서 사랑을 속삭이고 있었다. 시골티를 벗지 못한 둘도 없는 친구와 나, 우리는 손잡고 음악이나 듣자며 웃었다.

**"여보세요, 왜 이리 떠들어요? 수준 없게."** 옆자리에서 어떤 남자가 시비를 걸어왔다.

**"아니, 뭐가 수준인데요? 손잡고 뽀뽀하는 것이 수준이에요?"** 내가 용기 내어 댓거리했다.

그 남자는 뭐 이따위가 있냐면서 화를 내고 나가

버렸다. 그래 우리는 절이 싫으면 중이 떠나는 거지라고 하며 또 깔깔대며 웃었다. 잊지 못할 즐거운 추억으로 남아 있는 그 시절 함께 했던 내 친구, 순자는 지금 어디에 있을지? 눈을 감아도 떠도 아직 그때의 그 순진하고 동그란 얼굴이 생생히 떠오른다. 죽기 전에 꼭 만나고 싶다. 참 보고 싶다.

의령 시골뜨기가 대구에 와서 통기타 감상도 하고 막걸리도 먹고 출세했다고 대구역에서 기숙사까지 배를 잡으며 걸었다. 우리는 다음에 외출할 때는 월급 타서 제대로 놀아보자 하고 다짐했다.

## 졸지에 누나?

　월급날이 되었다. 친구와 지갑을 툭툭하게 돈을 넣고 그 음악감상실로 갔다. 웨이터가 우리를 알아보고 반색을 해주니 고마웠다. 지난번처럼 3,000원 기본을 내면 종일 있어도 된다고 하여 시키고 보니 누가 아는 척을 하였다. 지난번 우리에게 부침개를 줬던 그 학생이었다. 너무 반가워 합석을 했다.
　셋이 막걸리 두 주전자를 마시고 음악감상은 뒷전에 놓고 이야기로 꽃을 피웠다.
　서로 이름, 직장 등등을 소개하는데, 그 당시 제일

모직이라면 백화점에서도 외상을 줄 정도로 신용 있는 직장이었다. 우리는 동생이 생겨서 좋고 학생은 누님이 둘 생겨서 좋았을 것이다. 다음 일요일에는 회사 구경을 하고 싶다고 했지만, 기숙사 안에는 못 들어가니 대신 청원 식당을 구경하러 오라 했다.

다음 일요일 정말로 그 학생이 왔다. 우리는 식당에서 음식을 맛있게 먹고 정원 구경도 했다. 그때 회사 정원에는 나무와 꽃들이 아름답게 피어서 휴일이면 면회 온 사람들이 사진도 찍고 많이 구경하고 갔다.

외출을 하더라도 갈 곳이 없던 우리는 단골로 갈 곳이 생겨서 좋았다. 그 시절에는 그런 음악감상실이 젊은이들에게 최고의 인기 장소였다. 기숙사에서만 뒹굴던 우리는 일요일만 기다려졌다. 어느 날 그 학생을 만나서 물었다.

"너는 학생이 공부는 안 하고 자꾸 여기 오면

되냐?"

"우리 집은 내가 외동아들인데, 공부가 하기 싫어 죽겠시오. 일요일이면 여기를 다녀와서 살 것 같으네."

그러더니 내게 자기 누나를 하면 안 되겠냐고 한다. 지금도 누나라고 부르고 있지 않냐고 답했더니 그런 누나 말고 의형제를 하자고 했다. 내 친구가 "너는 동생이 없고 쟈는 누나가 없으니 잘되었다" 하여 우리는 그렇게 하기로 하고 웃었다.

"누나, 다음 일요일에는 우리 집에 놀러 가요. 우리 엄마도 누나를 보고 싶어 해요."

"그럴까? 대구에 친척이라고 하나 없는데 친척 집이라고 생각할까?"

한껏 멋을 부리고 가슴이 부풀어 주스 한 병을 사 들고 친구와 같이 갔는데 그 어머니가 너무 반가이 맞아 주시고 점심을 맛있게 차려 주셨다. 당신 아들이 누나 자랑을 많이 하고 공부도 열심히 하라고 조언도 많이 해주셨다 해서 정말 고마워서 집밥을 대접하자 했다고 하였다.

"우리 아들이 누나가 없어 많이 외로워했는데 친동생처럼 생각하고 이뻐해 주세요."라며 내 손을 꼭 잡았다.

친구와 나는 기숙사 들어갈 시간이 되어서 돌아와서 곰곰이 생각하다가 부담스러운 마음을 친구에게 털어놓았다.

"순자야, 나 저 아이 그만 만나고 싶어. 고3인데 공부도 잘 안 하고 음악감상실에서 종일 노는 것 보니 대책이 없네."

"나도 그래."

우리는 다음 휴일부터는 음악감상실을 가지 않았다.

하루는 경비실에서 내 이름을 부르더니 면회 왔다

고 전했다. 친구와 둘이 밥 먹다가 나가보니 고3짜리 그 학생이 대학생처럼 차려입고 그곳에 있었다.

"누나, 왜 2주나 음악감상실에 안 와요? 누나가 아픈가 걱정이 되어서 보고 싶기도 하고 해서…."

그 말을 듣는데 이상하게 가슴이 아팠다. 면회를 마치고 기숙사에 들어와 친구에게 저 아이가 나를 누나가 아니라 이성으로 생각하는 것 같다고 고민을 털어놓았다.

"야, 참으로 사람들 이상해. 너는 나보다 이쁘지도 않은데 왜 남자 놈들은 꼭 나보다 너를 더 좋아하지? 나도 눈치챘어. 아니, 고3짜리가 공부는 안 하고 저러니 싹수가 노랗다. 앞으로 만나지 마라."

친구의 대답은 반은 질투, 반은 조언이었다.

# 첫사랑의 추억

 휴일에 쉬는 방법을 바꾸어 음악감상실은 가지 않았다. 대신 극장 구경하고 유명한 대구의 깡통시장을 둘러보고 맛있는 것도 사 먹고 예쁜 옷도 샀다. 기숙사에 들어오니 편지함에 누런 봉투의 군사우편에 내 이름이 적혀 있는 것 아닌가. 친구에게도 군사우편 편지가 왔다고 하여 둘이 뜯어보았더니 덕암학교 총긱 선생님이었다. 내가 여기 있는 줄 어떻게 알았는지 반갑기도 하고 무섭기도 했다. 편지를 10통이나 받도록 답장을 안 했더니 첫 휴가 때 면회를 오겠다고 했다.

그래서 해서 친구와 상의했다.

"야, 이렇게 간절하게 매달리는데 답장은 한 번 해주라. 그래도 멋있는 선생이라 우리한테 인기 많았잖아."

"나도 싫지는 않은데 끌리지도 않아. 너도 아는 사람이니까 나 대신 네가 답장해주라."

"진짜가? 나는 그 사람 좋아했는데."

친구는 이렇게 말하고는 진짜 답장을 했더니 바로 또 답장이 와서 거의 매일 편지함에 군사우편이 배달되었다. 그 편지에는 '보고 싶은 사람, 근자씨(내 개명 전 이름이다)'라고 애절하게 내 이름을 부르는 것을 보니 마음에 찔림이 있어서 친구에게 우리 죽으면 지옥 가게 생겼으니 답장 그만하라고 했다.

경비실에서 내 이름을 부르면서 누가 면회를 왔다고 한다. 올 사람이 없는데 누구지 하며 의아해하며 나갔더니 군인 아저씨가 서 있었다. 거울도 안 보고 나갔는데 그 사람은 "**반갑습니다!**"라며 손을 내밀었다. 가슴이 철렁했다. 셋이 정원에 앉아 옛이야기를 하다 편지 말이 나오는데 나는 대답을 못 하고 친구가 척척 너무 대답을 잘하니 그 사람 눈이 동그래졌다. 나를 원망하듯 바라보던 그 눈동자가 지금도 눈에 선하다.

강원도 속초에서 첫 휴가로 나와서 집에 바로 가지 않고 나를 먼저 찾아왔다고 하는데 애처롭기도 하고 이상하게 가슴이 아팠다.

그러던 어느 날 5.16 군사 반란이 일어나서 기숙사를 폭발시킨다고 하니 공장 문을 닫는다고 했다. 그리고는 모두 고향으로 내려가서 연락할 때까지 기다리라는 지시가 내려왔다. 마이크가 꺼지지 않고 곳곳에 버스가 대기하면서 시간이 지나면 못 타니 짐은 그대로 두고 몸만 빠져나오라는 방송이 그치지 않고 계속되었다.

친구와 나는 진짜 입은 옷 그대로 의령행 버스를 타고 고향으로 돌아왔다. 하지만 도시 바람을 콧구멍에 넣고 나니 하루도 시골에서 살기가 싫어 공장에서 연락 올 날만 손꼽아 기다리며 날마다 읍내에 사는 친구 집에서 시간을 보냈다. 그 한 달이 지나 어느 날 친구 집으로 엽서가 한 장 날아와 빨리 대구로 오라는 통보가 왔다. 그 말 한마디에 친구와 나는 너무 기뻐서 그만 서로 부둥켜안고 울고 말았다.

기숙사에 와보니 모든 것은 그대로 있었다. 내일부터 청소하고 열심히 일하자는 사감 선생님 말씀이 얼마나 고마웠는지 그때 심정을 표현할 수가 없을 정도였다. 비 온 뒤에 땅이 굳듯 친구와 나는 충성을 다해 열심히 일하자고 다짐했다.

친구와 나는 외출 나가면 돈을 많이 쓰게 되니 외출은 한 달에 한 번만 나가고 음악감상실도 우리 체질이 아니니 가지 말고 '낮잠이나 실컷 자자'라며 손가락 걸고 맹세했다.

# 맞선은 어려워

 어느덧 세월이 흘러 3년이라는 세월이 훌쩍 지났다. 나도 친구도 제법 세련미를 갖춘 어엿한 숙녀가 되었다. 말괄량이 같던 내가 어느덧 숙녀티가 나서 스스로가 보기에도 한창 물이 오른 내 모습은 예뻤다.
 어느 일요일 셋째 오빠가 면회를 왔다. 친구와 둘이 반가워 뛰어나갔더니 오빠의 눈시울이 붉어졌고 나도 눈물이 나서 서로를 부르며 부둥켜안고 실컷 울었다. 오빠에게 공장과 기숙사를 구경시키고 있는데 오빠가 갑자기 말했다.

"니도 이제 나이가 있으니 결혼을 해야 안 되겠나. 좋은 신랑감이 있으니 다음 일요일에 선보게 집으로 오너라."

남자는 함안군 군북면이 고향이고 서울사범대학 4학년이며 아버지는 면장이라 아주 좋은 집안이니 꼭 약속을 지켜야 한다고 당부했다. 토요일에 3일 휴가를 내고 머리에 파마도 하고 한껏 멋을 부리고 태어나 처음으로 '선'보는 자리에 나갔다. 시골이라 다방도 없어 우리 집으로 총각이 왔다. ROTC 정복을 입은 그 사람은 얼굴은 그런대로 괜찮았는데 키가 작았다. 우리 오빠들은 모두 키도 크고 잘 생겼는데 싶어 상대가 마음에 썩 들지 않았다. 거기에다 또 장남이라 아이고 맙소사, 싶어 친구한테 상의했다. 친구는 내가 갈까 하며 깔깔 웃었다.

마음을 다잡고 일벌레처럼 열심히 일했다. 세월은 빨라 다시 1년이 훌쩍 지나고 오빠한테 다시 편지가 왔다. '이 총각은 부산 사람인데 썩 괜찮다.' 그래서 이번에는 대구에서 선을 보기로 했다.

그 시절에는 대구 제일모직에 아무나 들어갈 수가 없었는데, 기숙사 생활이 엄하고, 시설은 깨끗하여 수준이 높았다. 나는 한껏 멋을 부리고 오빠가 있는 역전 다방을 찾아갔다. 맞선 상대는 인연이 아니라 그런가 별로였다. 오빠에게 내 취향이 아니라고 했더니 오빠 하시는 말씀이 내일모레 25살이면 눈먼 개도 안 돌아본다고 하시면서 휙 돌아 가버렸다.

나는 기가 막혀 멍하니 동서남북 구분이 안 되어 그 자리에서 30분을 서 있었다. 지나가는 사람들이 나를 보고 멀쩡한 아가씨가 정신이 나간 것 같다며 킥킥거리며 지나갔다. 나는 친구가 있는 우리의 유일한 아지트인 담배 연기 자욱한 음악감상실로 갔다. 친구가 시집 한번 가기 힘들다며 위로주로 막걸리를 권했다. 그때 그 막걸리 맛은 60년이 된 오늘도 잊히지 않는다. 그리고 막걸리만 보면 그때 생각이 난다. 그 친구는 지금은 어느 하늘 아래 살고 있는지 소식도 모르지만, 이 책이 세상에 나가면 친구에게 닿기를 간절히 바란다.

친구를 만나면 옛이야기 실컷 하면서 예전 그때처럼 웃고 싶다.

> 친구야, 그때까지 건강하게 잘 살아주라. 꼭 <개 같은 내 인생>이 세상에 나가서 친구가 보고 깔깔 웃어주는 모습 보고 싶구나.

다시 1년이 지났다. 오빠가 편지를 보내왔다.

'이번에 선보는 사람은 참 좋은 자리니까 꼭 토요일 집으로 오너라. 명령이다. 사촌 형이 중매를 한 것이니 믿고 오너라. 직장도 좋고 인물도 좋단다.'

기계처럼 일만 한 시간이 5년이나 흐르다 보니 나

도 이참에 시집이나 갈까 하는 마음이 들었다. 선보는 날 예쁘게 꾸미고 집으로 갔더니 동네 말 많은 여자들이 하늘에서 내려온 선녀 같다, 너 참 이쁘다 하면서 칭찬을 해주어 더욱 어깨가 으쓱했다.

    총각은 부산에서 럭키 회사에 다니고 있으며, 결혼만 하면 신혼 생활을 바로 부산으로 간다고 했다. 그 어머니와 숙모 그리고 총각 세 명이 방에 들어오는데, 이제 선 보는 데 익숙해져서 묻는 말에 꼬박꼬박 눈웃음 웃어가면 대답을 잘했다. 나도 총각이 마음에 들었다.

    그 시절에는 김진규, 최은희의 영화 '동심초'가 대유행이었다. 나도 친구와 그 영화를 5번이나 보았다. 김진규 배우를 정말 좋아했다. 그런데 그 총각이 내 눈에는 김진규 배우하고 닮아 보였다. 첫눈에 반한 것이다. 바로 날 잡고 결혼식을 올렸다.

# 서러운 시집살이

그러나 인생은 기대했던 대로 풀리지 않는 것인가 보다. 결혼하고 바로 신혼집으로 간다고 약속했지만 3년을 전깃불도 수도도 들어오지 않는 산골에서 시집살이했다. 우물이 논 가운데 있어 물 한 동이를 이고 집에 오면 물이 반동이 밖에 남지 않아 기막혀 눈물로 세월을 보냈다. 게다가 흉년이라도 들면 쌀 한 주먹 넣고 청솔갱이 불어가며 밥을 했다. 그러다가 머리카락이 타서 울고 있으면 한동갑이던 꼴머슴이 손뼉 치며 웃었다. 보리쌀은 한번 삶고 또 한 번 더 삶아야 맛있게 된다. 쌀 한 주먹 넣은 것은 시어머니 드리고 나머지를 팍팍 치대서 뜨면 요새 보리밥집에서 파는 밥보다 구수하고 맛있었다.

어린 조카가 6명이나 되어서 양동이에 밥을 퍼서 먹고 숭늉을 뜨러 갔다 오면 내 밥은 하나도 안 남고 싹싹 다 먹어버리고 빈 그릇만 남아 있었다. 나는 부엌에 와서 누룽지 한 덩이를 먹으면서 얼마나 울었는지 모른다. 지금도 그때 생각하면 쌀 한 톨 버리지 못하겠다.

남편은 명절에도 시골 고향 집에 안 왔다. 그러던 어느 날 몸이 이상하다고 느껴졌다. 병원도 못 가고 이틀을 물도 못 먹고 누워서 몸살을 하고 일어나니 음식 냄새도 맡지 못할 정도여서 부엌에 들어가지도 못했다. 애가 생긴 것이었다.

입덧이 별나게도 모질어 물도 안 넘어가고 정말 고생했다. 시어머니는 "**별난 애를 가졌나, 니 형님은 5**

명 아이를 낳아도 어른들 모르게 배가 불러서야 알았는데 니는 왜 그리 유난스레 온 동네가 시끄럽게 하노"하며 타박했다. 5일 장에 다녀오시며 손수건에 옥수수 하나를 던져주는데 그것을 받아먹고 나니 마침내 구토가 멈춰지고 생기가 났다.

집 옆에 옥수수밭이 있었는데 아침에 눈만 뜨면 옥수수밭을 헤매어 다녔다. 그러다가 옥수수가 열린 것을 발견하면 알도 차지 않은 걸 씹어 먹고 게워내고 하는 것을 반복했다. 그러나 시어머니께 들켜서 혼도 났다.

어느 날 친정엄마 생신이라 버스를 타고 친정에 갔더니 어머니가 내 꼴을 보고 눈시울을 적시셨다.

"가쓰나, 시집가더니 이 꼴이 뭐꼬? 먹고 싶은 것 말해봐라. 나도 7남매를 낳았지만도 시집와서 배도 많이 곯았다."

어머니가 호박 시루떡 한 조각과 식혜를 주셨다.

그것을 먹고 나니 세상이 황금빛이었다. 굶주린 배를 채우고 이틀을 푹 자고 나니 역시 친정이 좋구나 싶으면서 웃음이 나왔다.

"너거 신랑은 결혼하고 바로 부산으로 데려간다더니 왜 여태 시골에 두고 고생을 시킨다냐. 그 예쁘던 얼굴이 반쪽이 되었네. 동네 사람들이 시집 잘 갔다고 부러워했는데 이 꼴이 뭐꼬, 나쁜 놈!"

3일을 쉬고 시집으로 돌아오는데 자꾸 눈물이 나고 시집 문 앞에 와서도 눈물이 하염없이 흘러 눈이 퉁퉁 부었다. 그런 나를 보더니 시어머니는 억울한 말을 했다.

"엄마 생일이라고 친정 가더니 너무 많이 먹어서 눈이 그렇게 부었나!"

시어머니는 담뱃대를 마루에 탁탁 치면서 절도 안 받고 문을 탁 닫아버렸다.

무정한 신랑은 임신했다는 말 들었을 것인데 편지

한 장 없었다. 너무 야속해서 그때부터 신랑이 미워졌다. 먹지도 못하고 힘이 없어 아무것도 못 하겠는데 어쩔 수 없이 부엌에 들어가서 밥을 하고 나면 쓰러질 정도였다.

시댁은 시골에서 정미소를 했는데 대문 앞에 정미소가 있어 사람들이 국수를 만들려고 산 넘어 고개 넘어 줄을 섰다. 국수를 기계에서 빼내면 햇빛에 늘어 그것이 다 마를 때까지 우리 집 대청마루에 10명씩 누워서 기다렸다. 점심때가 되면 가마솥에 물을 끓여 국수를 삶아 큰 소쿠리에 놓고 찬물에 간장 넣어 한 그릇 주면 다들 입맛을 다시며 먹었다.

그런 세월이 봄에서 여름까지 이어지니 나도 배도 불러오고 먹지도 못하여 너무 힘들었지만 참으로 지옥이 따로 없구나 하며 헛웃음을 지을 수밖에 없었다.

지금 내 나이 85세인데, 그때 일 이후로는 국수는 안 먹는다. 아침에 눈 뜨고 나오면 보리밥 한솥하고 점심에 국수 한솥 삶고 매일 잔칫집처럼 일해도 누가 내게 '수고했다' 한마디 해주는 사람이 없었다. 시집을 온 것인지 노예살이를 온 것인지 한탄을 했다.

옆집에 6촌 시동생이 의령고등학교에 다녔는데, 일요일에 집에 오면 꼭 나한테 와서 의령 소식 전해주고 우리 오빠 심부름도 잘해주었다. 하루는 내가 사과가 먹고 싶어, 우리 오빠한테 좀 사달라고 해라 시켰더니 그때는 풋사과뿐인데도 오빠가 나무 상자에 한 상자를 보내 주었다. 시동생이 땀을 뻘뻘 흘리며 지고 왔길래 내 방에 가져다 놓으라 하고 가지고 온 시동생에게도 하나 먹어보라 소리도 안 하고 한 20개를 씻지도 않고 먹어 치웠다.

그렇게 사과 한 상자를 아무도 주지 않고 나 혼자 다 먹었더니 그 후로는 지금까지 사과가 먹기 싫다. 아마 그때 질려서 그럴 것이다.

세월이 흘러 설날이 코앞에 오고 내 배도 많이 불

렀다. 첫눈에 반해서 좋아하고 사랑했던 신랑에 대한 마음이 미움으로 변했다. 얼마나 얄미운지 1년 만에 고향에 와서도 어른들 있다고 내게는 눈길 한번 주지 않았다.

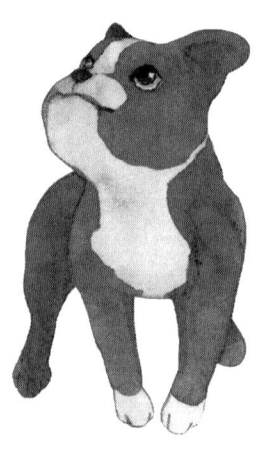

# 내 남편 병은 내가 고친다!

 결혼 전 아가씨 때와 너무 다른 생활에 결혼을 잘못해서 그런가 싶어 기가 막혔다. 그런데 남편이 옷을 벗고 가렵다고 손이 안 자라는 곳을 긁으려 하길래 내가 손으로 쓰다듬어주니 당신한테 전염되면 안 되니까 만지지 말라고 했다. 내가 깜짝 놀라 이거 문둥이병이 아니냐고 물었다.

 "몰라. 용호동 문둥이 촌까지 가서 약을 사 먹었는데 효험도 없고 병원에서는 악성 피부병이라카더라꼬. 그동안 그래서 편지도 몬하고 당신 불러오지도 몬

했는기라. 미안허네."

남편이 살던 하숙집에서는 한방에 3명이 살았는데 그동안 2명이 나가버리고 혼자 사니 주인에게 눈치가 보여서 다른 방법을 생각하고 있는데 대책이 없어 죽고 싶다고 한탄을 했다.

"일을 해도 월급 타면 병원비에 다 들어가니 진짜 살고 싶은 생각이 읎다*."

이렇게 말하는 남편의 눈에 눈물이 고이니 나도 눈물이 흘렀다. 그렇게 원망하고 미워했던 마음은 다 어디 가고 불쌍한 마음만 들었다. 어쩌다가 몹쓸 병에 걸려서 그렇게도 고생을 많이 했는지, 나는 그것도 모르고 날 시골에 처박아둔 것만 생각하고 원망만 많이 했구나 하며 둘이 부둥켜안고 실컷 울고 나서 말했다.

"여보, 걱정하지 마소. 약이 어디 있을 거라. 내가 꼭 약을 구해서 당신 병 고쳐줄게요!"

---

\* '없다'의 옛날식 표현입니다.

다음날부터 나는 약을 구하기 위해 사람들을 찾아다니며 물었다. 그러다 누가 알려준 대로 의령에 신통한 무당이 있다고 해서 찾아갔다.

"어라! 배가 남산만한 새댁이 뭔 소원을 가지고 왔노?"

"아이고, 선상님요. 제 남편이 피부병이 심해서 이리 물어물어 왔습니더. 백약이 무효라예. 약 좀 구해주시소."

내 사정을 듣고 난 무당은 눈을 감고는 뭘 외우다가 엽전을 탁 던지더니 이렇게 말하는 것이 아닌가.

"이거는 귀신병이라 약이 없다. 굿을 해도 안 된다. 너거 시어미가 애를 11명을 낳고 3명만 살렸는데 죽은 딸 중 아주 똑똑한 딸 하나가 홍역으로 죽었다. 그 딸이 바로 너거 남편 누나다. 동생이 결혼하면서 술 한 잔도 안 줘서 심통이 나서 병을 주었으니 세상 약은 없다. 가서 시어머니한테 물어보고 니가 진심으로 영한테 사죄하고 동생을 살려달라고 기도하면 무슨 대책이 생길끼라."

그래서 나는 집에 와서 시어머니께 물었다. 참말로 신랑 바로 위 누나가 예쁘고, 똑똑했다면서 눈시울을 적시며 탁배기 한잔 가져오라고 시켰다. 보통 시골은 밀주를 한독 담아놓고 먹었더랬다. 시어머니가 탁주를 한잔 잡숫고 옛이야기를 다 해주었다.

나는 태산 같은 배를 안고 용하다고 소문난 약국이란 약국은 다 가보고 약을 지어 신랑한테 보내고 비싼 약이니까 잘 먹으라고 편지도 했다. 그때는 전화도 없으니 편지를 할 수밖에 없었다. 피부약은 보약보다 비쌌다. 이젠 가진 돈도 없고 해서 결혼 때 받은 금팔찌를 눈물을 흘리며 팔면서 병 나아 돈 많이 벌면 또 사면 되지 하며 약을 샀다. 하지만 야속하게도 약은 들지 않았다. 나도 기가 차고 힘이 빠져서 '더는 나도 못하겠다. 내 팔자가 왜 이런가. 신혼 생활도 못하고 얼굴은 반쪽이고 배는 태산 같고, 이 일을 어쩌면 좋노' 라고 호롱불 밑에서 결혼사진 보며 울다 잠이 들었다.

옛말에 지성이면 감천이라고 했다. 정성을 다하면 하늘이 감동한다는 뜻이다. 그날 밤, 꿈속에서 전설의 고향에서 나오던 아가씨가 나타나 '도랑에 채나물이 있다. 거기에 있는 불개미를 3마리만 잡아 먹여라. 그러면 3일이 지나면 나을 것이다'라고 하는 것이 아닌가.

꿈을 깨니 새벽 5시쯤 되었는데 어찌나 생생하던지! 아침 일찍 동이 트자마자 물동이를 이고 물을 길으러 갔더니 처음 보는 남자가 물을 뜨고 있었다. 그 남자분에게 채나물이 어떻게 생긴 거냐고 물었다. 그 사람이 저기 기다랗게 채같이 생긴 저것이 채나물이라고 손가락으로 가리켜 준 곳으로 가까이 가니 도랑의 이파리에 산개미같이 큰 개미들이 바글바글했다. 아, 이것이 불개미구나 생각해서 3마리만 잡아서 물동이를 이고 가려고 가져온 수건에 조심스럽게 쌌다. 물은 안 뜨고 물동이 안에 수건을 넣고 집에 오니 아직 아무도 일어나지 않았다.

　방으로 가 씻고 옷을 갈아입고는 어머니한테 '부산에 좀 다녀오겠다' 하고 인사하니 새벽부터 갑자기 왜 가냐고 물었다. 아무 말도 하지 않고 그냥 약을 구했다고만 하고 태산 같은 배를 안고 십리 길 걸어서 버스를 탔다. 그리고 부산에 있는 하숙집에 도착하니 오후 5시가 다 되었다.

　고맙게도 하숙집 아주머니가 반갑게 맞아 주면서 시장하겠다고 밥을 차려 주었다. 그렇게 맛있는 밥은 지금도 잊을 수 없다. 배도 부르고 고단도 하여 한숨 자고 나니 9시가 되어 신랑이 들어왔다. 아무 소식도 없이 어찌 갑자기 왔냐고 눈이 동그래져서 묻는데 나는 아무 말도 하지 말고 앉으라 하고 주방에 가 물 한 대접 가지고 와서 수건을 펴서 생생하게 살아 있는 불개미 3마리를 물 한 모금에 삼키라고 했다. 남편은 얼마나 고생을 했는지 두 말도 안 하고 그 불개미를 단숨에 마셨다.

"아니 이것이 뭐라고 그 무거운 몸을 해서 여기까지 오는가?"

"내 말 좀 들어보소. 내가 신통한 꿈을 꾸지 않았겠소."

이러고 저녁을 먹으며 꿈 이야기를 자세히 했더니 신랑 하는 말이 개꿈을 꾸고 무거운 몸으로 이렇게 왔냐고 안쓰럽게 여기며 꼭 안아주었다. 그런 남편 품에 안기니 그동안의 원망이 싹 가셔 버렸다. 남편은 약을 먹기도 하고 발라도 밤새 긁느라고 손톱에 피가 다 묻을 정도라 밤이 무섭다고 하던 사람이었지만 그날 밤은 조금 덜 가려운지 잠이 푹 들었다.

이건 내가 지어낸 이야기가 아니라 진짜 실화다. 그로부터 3주가 지나 남편이 편지를 보내왔는데 피부

약이 얼마나 독한지 먹고 나면 종일 힘이 없어서 약을 먹기도 싫었는데 지금은 조금씩 시루떡 크기의 상처가 줄어들고 가렵기도 덜하다며 신기한 약을 주어 고맙다고 사랑한다고 쓰여 있었다.

# 부산에서 새로 시작된 내 인생

 결혼하고 처음 받아보는 사랑하는 남편의 편지를 껴안고 한없이 울었다. 참 거짓말 같은 일이었다. 꿈도 신기하고 불개미도 신기했다. 그때부터 나는 무언가 모르게 '신'을 믿게 되었다. 내 마음의 신을 부르며 기도 열심히 하며 살았다.

 한 달이 지나 아들을 낳았다. 너무 힘들기도 하고 기쁘기도 해서 내가 아들을 낳았구나 하고 또 울었다. 아기 목욕을 시켜주던 동서 형님이 이렇게 잘생긴 아기를 낳고 왜 또 우느냐고, 울보냐고 놀리면서 엄마가 울면 아이도 우니 이제 고만 울고 밥 많이 먹고 아기 젖이나 주라고 했다. 아기를 안고 젖을 먹이는데 참 신기하게도 너무나 잘생긴 내 아들이 고맙고 사랑스러웠다.

세월이 흘러 1년이 훌쩍 지나 아기 돌 사진을 찍고 집으로 오는 길에 북창이라는 동네에 사는 시누이 집에 들렀다. 시누이는 조그마한 구멍가게를 하였는데 나를 중매해주기도 했던 사람이라 내가 이 시골에서 고생하는 것을 보고 누구보다 마음 아파하였다.

그분에게 부탁했다.

"시누이요, 저 여기 있다가는 시골 귀신 되겠심더. 내일 우리 집에 와서 내 짐을 부산에 부쳐주이소."

"그라지. 열 번이라도 내가 부쳐줄 테니 가소."

이렇게 대화를 하고 집에 와서 가방을 쌌다. 신랑만 믿고 있다가는 평생 이곳을 벗어나지 못하겠다 싶었다. 가진 돈을 다 털어보니 5만 원이 조금 못 되었다. 이불하고 큰 트렁크 하나는 시누이 남편이 소포로 부쳐주겠다고 했다. 그러면서 진작 이렇게 하지 그 고운 얼굴이 다 상했네 하면서 웃었다.

아기를 업고 시어머니에게 부산 간다고 인사를 하는데 눈물이 하염없이 흘러내렸다.

부산 전포동에 신흥목재라는 제재소가 있었다. 내 사촌 시숙이 그곳에서 전무로 있었다. 공장 뒤편에 비어 있는 방이 하나 있는 것을 보고 시숙에게 그곳에 짐을 좀 두면 안 되겠냐고 하고 무조건 짐을 그곳에 갖다 놓고 방을 구하려 다녔다. 그런 나를 천지신명이 불쌍히 여겨 도와주셨는지 거기서 멀지 않은 곳에 방 두 개짜리를 10만 원에 계약하고 이튿날 이사를 했다.

혼자 이사를 하고 짐 정리를 하고 가게에 가서 먹을 것을 좀 사고 사흘이 지나니 남편이 왔다. 그때부터는 남편이 미워지기 시작했다. 내가 왔을 땐 어떻게 왔냐고 큰소리치더니 이제는 자신이 하숙집 정리하고 살러 왔다고 하였다. 그래 내가 당신 믿고 있다가는 시골에서 호호백발 되도록 벗어나지 못할 것 같아 도망쳐 왔다고 답하고 웃었다.

그러나 생활은 고생스러웠다. 숟가락 밥그릇 하나 없이 몸만 왔던 아기 엄마라 피눈물을 흘리며 살았다. 살림살이를 하나씩 살 때는 이 세상을 내가 다 가진 것처럼 좋았다. 아기를 업고 차비를 아끼려고 부전시장을 걸어서 다녀오면 너무 힘들어서 비싸도 앞집 구멍가게에서 외상으로 사 먹고 월급 타면 주고 했기에 나는 그 가게 단골손님이었다.

그럭저럭 사는 중에 시장에서 옛날 제일모직에서 같이 일하던 친구를 만나 너무 반가워 옛날이야기로 수다를 떨었다. 친구는 우리 집에서 멀지 않은 곳에 시집 식구들과 대가족이 살고 있었다. 그 친구는 아기도 다 크고 직장생활을 하고 있다면서 내게도 같이 일하자 해서 구세주를 만난 것처럼 눈이 번쩍 뜨였다.

이튿날 주인집 할머니에게 아기를 맡기고 거제리에 있는 공장을 찾아 가보려고 한껏 멋을 부리고 친구를 만났다.

친구는 "야, 니 아직 여전하다. 멋지다 가시내야!" 하고 깔깔 웃었다.

# 다시 직장생활!

친구와 사무실 총무 부장님께 인사하였다. 일 잘한다는 친구의 소개에 힘입어 합격했다. 다음날 9시에 출근하기로 하고 돌아오는 길에는 어깨에 힘이 들어갔다. 남편이 퇴근하기만을 기다려 저녁을 먹고 취직 소식을 알렸다. 남편은 얼굴색이 환하게 달라지면서 아기를 업고 다닐 건지 걱정했다.

"걱정 마이소. 주인 할매가 봐준다고 했어예."

우리 집은 양정동, 공장은 거제리. 걸어 출퇴근하기에는 멀지만, 버스비 아끼려고 걸어 출근하고 일개

미처럼 바쁘게 열심히 일했다.

　우리 부서는 방직과인데 하루는 별명이 호랑이 반장이라고 붙은 무서운 반장님이 오더니 나를 '미쓰리'라고 부르면서 일 잘한다고 칭찬을 해주었다.

　글을 쓰다 보니 그 시절 고생했던 일들이 영화처럼 머릿속을 지나가고 또 눈물이 하염없이 흐른다.

　'친구들은 내가 시집 잘 갔다고 부러워했는데 내 꼴이 이게 뭔가.' 한탄이 절로 나왔다.

　그래도 둘이 직장을 다니니 돈이 조금씩 모였다. 낮 일주일 밤 일주일 이렇게 교대 근무를 하다 보니 너무 힘들어서 주간 근무만 하는 공장을 찾았다. 마땅한 곳이 없어 일을 그만둘까 생각하던 어느 날이었다.

　"아기 엄마, 나 좀 보재이." 주인 할머니가 나를 불렀다. "아기 엄마는 밤새도록 공장 기계 앞에서 일하는데 이건 사람 짓이 아니지! 그 아기 봐주고 있는 처녀 시골로 보내 버리고 아기 엄마는 하루빨리 공장 그만두고 아기 보며 살림이나 하이소."

아니 이게 무슨 일인가. 그때는 할머니에게 애 보라고 하기 힘들어서 아기 보는 식모를 들였던 참이었다. 뭔가 이상해서 남편이 퇴근하고 왔을 때 나는 잠든 척하고 있었다. 그러자 옆방에서 두 사람이 부부가 하듯 옷도 받아 걸어주고 밥 먹는데 갈치구이 뼈를 발라 밥숟가락에 놓아주고 하는 것이었다. 그 장면을 보고 나니 남편이 죽이도록 미웠다. 그날 이후 나는 남편을 존경하지 않고 사랑하지 않았다.

몸이 이상해서 병원에 갔더니 임신이라고 했다. 나는 회사에 사표를 내고 친구를 찾아갔다. 친구가 이유를 묻는데 차마 남편 이야기를 사실대로 말하기가 창피해서 지금까지 사실대로 말하지 못했다. 이제 만나면 속 시원히 털어놓고 싶다.

나는 한 푼이라도 돈을 벌어보려고 야간작업 들어가서 졸음이 오면 세수해가며 얼마나 힘들게 일하고 있는데 남편은 아기 보는 처녀하고 사랑을 속삭였다니! 남편이 미웠지만 남 부끄러워 조용히 아가씨만 시골로 보냈다. 더는 사랑하고 존경하던 남편이 아니었다.

    둘째 입덧은 그리 심하지 않고 맛있는 것 먹으며 잘 지냈다. 우리 집 가까이 양정 시장이 있는데 아기 손잡고 걸어 20분이라 5,000원 가지고 시장가면 3,000원어치는 아이와 둘이서 실컷 먹고 반찬은 2,000원어치를 사서 집에 오면 힘들어 저녁밥을 못할 때도 있었다.

# 2부

# 사업가의 길

# 사업가의 길로

둘째도 아들이었다. 아기를 낳고 6개월 지나니 집에 가만히 있기가 좀이 쑤셨다. 할머니한테 아기를 맡기고 양정 골짜기에 있는 브니엘 학교 밑에 조그마한 가게를 보았다. 그 가게 옆에 방도 한 칸 딸려 있어서 무작정 계약을 하고 집에 와서 남편에게 말했다.

"애 둘이 딸린 아지매가 무슨 장사 할낀데?" 말은 이렇게 하지만 싫지 않은 낯빛이었다.

막상 이사하고 보니 눈앞이 캄캄했다. 구멍가게를 하겠다 했지만, 엄두가 안 나서 열흘을 고민하다 목재소 시숙님을 찾아가 말씀드렸다.

"아이, 우리 제수씨. 참 훌륭하십니다. 어찌 그런 생각을 하셨소." 그러면서 다음날 목수를 한 명 보내줄 테니 그 사람에게 공사를 부탁하라고 해서 천군만마를 얻은 듯 용기가 났다. 집에 와서 구멍가게 설계를 하다 보니 나 자신이 자랑스러워 절로 웃음이 났다.

남편이 쉬는 일요일, 목수와 둘이서 진열대를 짜서 가게가 예쁘게 만들어졌다. 그길로 부전시장 도매에 가서 과자·사탕 등을 많이 사니 주인이 왜 이렇게 과자를 많이 사느냐 물어서 양정에서 구멍가게를 하려고 한다고 대답했다. 그 사장님이 자기 집을 단골로 하라고 하면서 가게 터를 봐주겠다고 해서 그 차를 타고 왔다. 보더니 그 사장님은 여기가 조금 비탈길이긴 하지만 위에 학교도 있고 양정 부자들이 많이 사는 곳이라고 하면서 자리 잘 잡았다고 칭찬해주었다.

"물건을 우리가 대줄 테니 장사나 잘하소. 그런데 애가 둘이나 딸린 아주머니가 어찌 장사한다고 하는지, 바깥양반은 뭘 하시는 분이요?"라고 묻는다. 속으로는 왜 남의 남편 일을 묻는지 고까운 마음이 들었지만, 럭키 회사에 다닌다고 답해주고 집에서 애 키우면서 욕심 안 부리고 반찬값이나 벌면 되지 않겠냐고 했다.

그 이튿날 물건 여러 가지를 트럭에 싣고 와서 진열도 예쁘게 해주고 가격표도 다 써주고 가서 참 고마웠다.

다음날 가게 문을 열었더니 손님들이 와서 여기 가게 예쁘게 차렸다고 하면서 줄을 섰다. 손님이 올 때마다 가슴이 벌렁벌렁 떨려서 물건도 어디 있는지 몰라 찾아 헤매고 있으면 손님이 찾아주기도 하고 처음 장사하냐고 웃어주었다.

그렇게 장사를 시작하자 아들은 과자를 밥 먹듯이

먹었다. 장사에 재미가 난 나는 먹는 것이 남는 것이니 실컷 먹으라고 웃었다. 그렇게 한 달 두 달 석 달이 되자 남편의 월급보다 수입이 더 많아졌다.

그때 그 구멍가게가 내 인생을 장사꾼으로 만들고 85세가 먹도록 장사의 매력에 빠져서 헤어나오지 못하게 만들었다. 지금 돌아보니 내 모습이 참 기가 막힌다.

몸은 힘들어도 돈 버는 재미로 그럭저럭 3년이 지났다. 이제 큰 애도 학교에 가야 하니 집을 한 채 사야겠다는 생각이 들었다. 그러자 가슴이 벅차올라 밤새도록 잠을 못 이루었다. 남편은 아직 집도 안 샀는데 생각만으로도 그렇게 좋으면 집을 사고 나면 어떻게 하려 하느냐고 멋없이 휙 돌아누워 코를 골고 잘 자더라.

나는 도저히 잠이 안 와서 이불 속에서 보자기를 꺼내어 돈을 세어보았다. 그 시절에는 은행도 멀어 이

불 밑 항아리가 내 은행이라 통장하고 모든 것을 정리해보니 백이십만 원이 조금 넘었다. 그때 가치로 하면 진짜 큰돈이었다.

사실 부엌을 주인집하고 같이 쓰니 속상한 일도 정말 많았다. 이사를 하기 위해 가게를 정리하는 데도 시간이 걸렸다. 그동안 입이 심심한 여자들이 와서 가게 해서 돈 많이 벌었냐고 비꼬기도 했다. 나는 내가 번 돈으로만 집을 사는 것이 아니라고 했다. 내가 돈을 벌기도 하지만 남편이 번 월급을 한 푼도 안 쓰고 저축한 것이라고 했다. 그리고 이제 아이도 학교에 가야 하니 이사해야 한다고 덧붙였다. 그러자 부러운 듯 눈을 내리깔고 잘 되어 나가니 좋겠다고 웃었다. 나는 아니꼬웠지만 미운 놈 떡 하나 더 주듯이 박하사탕 한 봉지를 건네주며 선물이니 잡수시라 했더니 눈이 동그래지며 고맙다는 인사를 몇 번이나 하였다.

동네마다 주책없는 사람들이 꼭 하나씩 있어 남의

말로 시간을 허비하며 사는 사람들이 있다. 나는 그런 사람들이 나를 보며 뒷말을 하고 다녀도 '참 불쌍한 인생이야.'라고 생각하며 참았다. 그런 사람들이 두부 한 모 사러 가게 와서는 1시간을 앉아 온 동네 뉴스를 떠드는 통에 나는 가만히 앉아서도 동네 돌아가는 사정을 훤히 알 수 있었다.

# 생애 첫 내 집 마련

 한 달이 지나 가게가 정리되어 남편 직장이 있는 연지동으로 집을 보러 다녔다. 가진 돈에 맞추어 집을 사려니 그것도 쉽지 않았다. 어느 복덕방에 들어갔더니 연세가 지긋하신 노인이 앉아 계셨다.

"사장님, 제가 가진 돈이 120만 원이 전부인데 집을 구해 주이소."

"아니, 그 돈으로는 힘들고 150만 원이면 참 좋은 집이 하나 있는데."

그래도 나는 내 돈에 맞춰서 사달라고 간곡히 부탁

했고 복덕방 주인은 며칠 후에 다시 오라 했다.

그때는 전화도 없어서 3일 후 그 복덕방에 다시 갔더니 아주머니한테 맞는 집이 있으니 보러 가자고 하였다.

나무 대문을 한 기와집에 방이 3개에 마당도 제법 넓었다. 가격은 120만 원에서 한 푼도 안 깎아야 한다고 집주인 할매가 말했다. 복덕방 사장님은 이런 집 찾기 힘드니 계약하자고 하여 내 마음대로 못하니 남편하고 같이 한 번 더 보고 계약하겠다고 하고 다른 집은 보지도 않고 돌아왔다. 퇴근한 남편에게 집에 대해 설명하고 나는 마음에 드니 내일 점심시간에 한번 같이 가보자고 했다.

이튿날 복덕방 주인에게 10만 원만 깎아주면 집을 사겠다 했더니 그 사람들이 돈이 급해서 집을 파니 절대로 안 깎아 줄 거라면서 자신이 그 집 사정을 아니 기분 좋게 사주라고 권유했다. 우리는 계약을 하고 집에 와서 주인집 아주머니에게 이사를 하려 하니 전세금 돌려달라 했다. 주인이 그동안 돈 많이 벌었냐고 말하는데 찬 바람이 쌩 부는 것 같았다. 남 잘되는 꼴을 못 보는 여자인 줄은 진작 알았지만 참 서운했다.

    그 집에는 3가구가 세 들어 살았는데 아래채에 사는 두 아기 엄마에게 가게에 와서 맥주 한잔하자고 불렀다. 그네들에게 내가 집을 계약하고 기분이 좋아서 불렀으니 한껏 먹고 당신들도 빨리 집 사서 나가라고 했다. 그렇지만 그들은 우리 집이야 둘이 버니 빨리 모을 수 있었지만 혼자 벌어서 언제 집을 사겠냐고 한탄했다. 두 여자는 내가 생활력이 강해서 어디 가도 잘 살 거라고 하며 나를 부러워했다. 그래서 팔다 남은 물건을 두 여자에게 다 주었더니 고맙다고 하며 눈시울을 붉혔다. 그때 그 시절 내 마음을 알아주고 칭찬도 많이 해주었던 그 사람들이 지금 어디에서 잘살고 있는지 보고 싶다. 서로 얼마나 늙었는지 보면서 셋방살이 옛이야기 하며 한바탕 웃으면 좋겠다.

양정동에서 연지동으로 이사를 하고 보니 허름한 기와집이 얼마나 청소를 안 했는자 일주일을 청소하고 몸살이 나 삼 일을 앓아누웠다. 방 하나에 다섯 식구가 살다가 방 세 칸짜리로 이사하고 보니 세상에서 내가 제일 부자가 된 듯 웃음이 절로 나왔다.

집은 오래된 기와집이라 청소를 해도 티도 잘 나지 않았지만 흙 담장 밑에 작은 꽃밭이 있었다. 아침이면 봉선화가 만발하였다. 하루는 저 담장을 헐고 저기에 작은 가게를 넣으면 어떨까 생각하고 남편에게 말했더니 수십 년 살던 사람도 그대로 살았는데 당신은 어떻게 그런 생각을 했냐고 하면서 좋게 생각했다.

자신감을 얻은 나는 복덕방 주인에게 가서 목수를 소개해달라고 했더니 목수도 하고 미장도 다 할 수 있는 사람을 소개해주었다. 그에게 내가 하고 싶다고 마음먹은 대로 이야기를 하고 견적을 뽑아보았다. 그때 돈으로 20만 원이 나왔다.

집을 살 때는 그냥 꽃밭이라고 생각했는데 사고 보니 골목길 담장만 부수면 바로 길이었다. 담을 부수고 나니 제법 큰 가게가 하나 생겼다.

사람 일에는 꼭 시기하는 마음씨 나쁜 사람들이 있다. 가게를 짓고 슬레이트 지붕을 올리려는데 연지동 파출소에서 키가 큰 순경이 나왔다. 그 순경이 이 공사를 허가를 받고 하느냐고 물어서 내가 내 집에서 담장 헐어 가게 만드는데 무슨 허가를 내느냐고 소리를 질렀다. 순경은 마루에 앉아 음료숫값이라도 달라고 가지도 않고 버티고 있었다. 나는 방에 들어가 봉투를 하나 찾아서 단지 안에 넣어둔 돈을 챙겨 천 원짜리로 십만 원을 봉투에 넣어 불룩하게 만들었다. 마루에 걸터앉아 있는 순경에게 이거 가지고 식사 한번 하시라고 말하며 주었더니 고개를 몇 번이나 주억거리며 인사하는 것이었다.

그런데 1시간이나 지났을까. 그 순경이 콧구멍을 벌렁거리며 다시 오더니 이게 뭐냐고 했다.

"뭐기는 뭐라예. 돈 아입니꺼. 음료수값 돌라했잖아예."

"사람이 다섯인데 이걸로 뭐하는교!"

"그 돈이면 음료수 백 잔도 더 사 마실텐데예. 싫으면 도로 주이소."

"이 아줌마 못말리겠네."

그 시절에는 어디에 뭘 짓던 아무도 간섭을 안 하던 때였는데 누가 파출소에 신고했기 때문에 순경이 왔던 거였다.

그래도 목수는 말없이 슬레이트 지붕을 깨끗이 완성해주었다. 나는 너무 좋아서 손뼉을 쳤다. 단칸방에서 다섯 식구 살 때가 어제 같았는데 방이 3개에 어엿한 점포까지 생겼으니 정말 가슴이 벅찼다. 목수가 일을 끝내고 간 뒤 청소를 하면서 내게 온 행운에 감사하며 눈물을 흘렸다.

양정에서 구멍가게 할 때 주인 여자한테 설움 당한 기억이 있어 나는 절대로 세입자한테 야박하게 굴지 않겠다 맹세했었다.

내 성격은 어떻게 생겼는지 하루도 집에서 놀고먹지를 못한다. 가게를 만들어 내가 장사를 하려고 생각했는데 아이 둘을 데리고 장사하는 것은 무리라 판단되었다. 가게를 깨끗이 청소해놓고 '점포 세 놓습니다'라고 써 붙였다. 사람들이 많이 다니는 골목이라 '예쁜 가게가 생겼네' 하며 지나가는 사람들이 있었다.

어느 날 드디어 가게에 양품점이 개업했다. 전세 30만 원을 받고 너무 좋아서 밤새 잠이 안 왔다. 그 돈을 이불 밑에 싸서 넣어두고 자다가 꺼내 보고하니 남편은 그렇게 좋냐고 하면서 웃었다. 어찌 안 좋을 수 있을까. 내 돈 한 푼 안 들이고 가게가 생겼는데! 소리를 내며 혼자 웃었다.

## 부전시장의 일수 아줌마

 '저 돈으로 무엇을 할꼬?' 일주일을 생각했다. 양정에서 구멍가게 할 때 부전시장에 과일만 취급하는 가게가 한 열 곳이 있었다. 그중 내가 단골로 다니던 가게의 주인은 좀 연세 있으신 할머니였다. 오래 다니다 보니 서로 잘 아는 사이가 되었는데 오랜만에 시장도 볼 겸 부전시장 과일가게 할머니를 찾아갔다. 나를 보더니 엄청나게 반가워하며 왜 이제는 장사를 안 하냐고 말하며 단감을 하나 먹으라고 내놓으셨.

 "할매, 어떤 여자가 공책에 도장 찍어주고 돈 받던

데 그거이 뭡니꺼?"

"일수 아이가."

"일수가 뭔데요?"

"장사하는 사람은 다 일수를 쓴다. 나도 쓰고 있다 아이가." 하면서 조그마한 공책을 내보여 주는데 도장이 꽉꽉 찍혀 있었다. 설명을 들으니 10만 원을 빌려주면 100일에 3만 원이 이자로 들어온다는 것이다. 나는 삼 일을 잠을 못 자고 고민하다가 남편에게 자초지종을 이야기했더니 쓸데없는 소리를 한다며 역정을 냈다.

"우리 집을 담보로 50만 원을 빌려 그걸로 내가 부전시장 가서 일수를 해 볼라요."

"아니, 이 여자가 겨우 집 하나 장만한 지 얼마나 되었다고 망해 먹을 생각부터 먼저 하냐"며 고함을 질렀다. 나도 질세라 맞받아 큰소리를 쳤다. 은행 돈은 이자가 싸고 일수는 이자가 비싸니 가만히 있는 집을 담보로 싼 은행 돈 가지고 열 배가 비싼 이자를 받을 수 있고, 결국은 은행을 잘 이용해서 갚으면 되는데 뭐가 잘못된 것이냐고 설득했다.

요령이 없는 남편에게 화가 나서 아이들 방으로 건너갔다. 천사같이 잠들은 아이들을 안고 엉덩이를 툭툭 치고 안고 잠들었다.

아침에 남편이 출근하고 나서 나는 또 부전시장으로 가서 할머니에게 내가 일수를 좀 해보고 싶은데 어찌하면 좋겠냐고 물었다. 할머니는 처음엔 단골잡기 힘드니까 자신이 도와주겠다고, 너무 무리하지 말라고 했다. 이 시장에서 몇십 년을 장사하면서 일수를 계속 쓰고 있으니 젊은 사람이 살려고 노력하는데 도와주겠다고 하셔서 얼마나 고마웠는지 모른다. 할머니는 처음에는 돈을 많이 주지 말고 여러 번 상대하다 보면 그 사람 성격이 파악된다고 조언하면서 내가 잘할 거라고 용기를 주었다.

천군만마를 얻은 것 같아 어깨에 힘이 들어갔다. 부전시장에서 남편이 좋아하는 반찬을 사 와서 저녁을 먹는데 남편이 일수를 꼭 하고 싶냐고 물었다. 나는 눈이 똥그래져서 돈 버는 일인데 꼭 하고 싶다 했더니 애들은 어떻게 할 거냐고 또 물었다.

"앞집에 혼자 사는 할매가 있는데 우리 애들 봐준다 안 했는교."

"그렇게 마음이 다 섰으면 내일 은행 가서 알아보자. 하고 싶으면 해야지."

"아이고, 고마워요. 내가 꼭 열 배는 벌 테니까 걱정마시소."

아침 일찍 서면에 내려가서 상업은행 대부계에 가서 돈 빌리려면 어떻게 하냐고 물었더니 집을 담보 잡히려면 등기부등본 가지고 남편하고 오라 했다. 집에 가서 남편에게 말하고 다음 날 점심시간에 같이 가기로 했다. 은행에서는 50만 원을 대출받았다.

현금으로 50만 원을 이불 밑 내 금고에 넣어 두니 도저히 잠이 안 왔다. 내가 이렇게 부자가 되는구나. 이병철 씨가 부럽지 않다고 하며 웃었다.

그렇게 1년 동안 급전도 주고 일수도 주고 은행 이자도 잘 갚아서 이제 큰돈은 집에 두지 않고 은행 통장을 만들어 입금을 하고 살다 보니 이런 날도 있구나 싶었다. 부전시장에서는 내게 억척이라는 별명이 붙었다. 그렇게 안 먹고 안 쓰고 모았더니 1년이 지나고 보니 50만 원 30만 원 전세 받은 것이 150만 원이 되었다.

그러다 셋째를 임신했다. 이제 부자가 되는 길을 걷고 있는데 셋째가 생기다니 몸과 함께 마음도 무거워졌다. 딸 하나 낳고 그만 낳아야지 하고 마음을 먹고, 영화배우 고은아 닮은 딸을 하나 낳아 예쁘게 키워보자고 다짐하고는 고은아 사진을 화장대 앞에 붙여 놓고 매일 기도했다.

기도와 정성이 부족했던지 셋째도 아들이었다. 내 서운한 마음은 딸보다 아들이 더 좋다면서 허허 웃는 남편이 풀어줬다.

# 치맛자락 날리는 학부형 이사

애를 셋 키우면서 매일 시장에 나가 일숫돈 받고 오갈 때 버스 두 구역을 걸어 다니니 너무 피곤해서 시골에서 아이 보는 꼬마를 데리고 왔다. 그래봤자 나이가 어린 그 아이도 손이 가기는 마찬가지였다.

어느 날 남편이 금성사에서 럭키 직원들에게 특별히 할인해서 파는 텔레비전을 한 대 사 왔다. 그때는 동네에 텔레비전이 없던 시절이라 우리 집이 처음이었다. 큰 애가 다섯 살이고 둘째가 세 살이니 혹시라도 잃어버릴까 봐 애들이 밖에 나가지 않게 하려고 샀던 것이었다.

그러다 보니 자연스레 큰 애가 동네에서 꼬마 대장을 하는 것이었다. 하루는 시장에 갔다 피곤해서 일찍 집에 오니 현관에 꼬마들 신발이 마당까지 줄을 서고 방, 마루, 현관까지 꽉 차게 앉아서 텔레비전을 보고 있었다. 그때 '뽀빠이'라는 만화가 대 유행이라 정신없이 모여드는 통에 대문도 못 잠그고 매일 활짝 열어 놓았다.

큰 애가 장사 머리가 있었다. 동그란 '딱지'를 한 장씩 가지고 오는 애는 방에 들이고 안 가지고 오면 밖에서 보라 해서 모은 딱지가 한 포대가 될 정도였다. 시장에서 뻥 과자를 두 봉지 사 와서 나눠주면 아이들이 순식간에 다 먹었다. 그래도 기분이 좋았다. 내 아들이 친구들에게서 대접받고 있었으니까. 같은 꼬마인데도 잘 보이려고 애를 쓰는 꼬마들이 얼마나 우스운지 그 시절을 살아보지 못한 사람은 상상도 못

할 거다.

그럭저럭 세월이 흘러 큰 애가 7살에 초등학교 입학을 했는데 담임 선생님이 50살이 훌쩍 넘은 거의 할머니 선생님이 되었다. 교실에 들어갔더니 선생님이 처음으로 하시는 말씀이 '내가 늙어도 사탕도 뽀득뽀득 잘 씹어 먹고 공부도 잘 가르치니 학부모님들 마음 놓고 지켜봐 주세요' 하면서 내일부터 가정방문을 한다고 했다.

선생님이 집에 오시는 것은 처음이라 집안을 대청소하고 시장도 안 가고 기다리고 있었다. 선생님이 오셔서 과일과 차를 대접하고 우리 애를 잘 돌봐달라고 청을 드렸다.

"걱정하지 마세요. 아빠가 럭키 회사에 다니시고 엄마는 시장에서 장사하시니 이 동네에서 제일 알부자라고 하던데요. 하하하!"

준비해둔 봉투를 선생님께 드리면서 다시 잘 부탁

한다고 말했다.

"걱정일랑 접어두세요. 내가 봉투를 받은 아이들은 특별히 신경 쓰는데 교실에서 뛰놀다가 문턱에 자빠질까도 보고 있을 정도니까요."

뭐 이런 선생이 다 있나 속으로 욕이 나왔다.

'늙은 여자가 돈 좋아하는 욕심만 꽉 찼구나.'

아들이 '학교 다녀왔습니다.' 하고 집에 들어서는데 반장이 되었다고 전했다.

"반장이면 반에서 네가 친구들 잘 돌봐주고 선생님 시키는 말씀도 잘 듣고 열심히 공부하는 것이야."

이렇게 아들을 훈계하는데 담임이 다음 날 나더러 학교에 오라고 했다는 것이다.

이튿날 학교에 갔다. 내가 준 봉투에 만족했는지 방긋방긋 웃으며 고맙다고 아들은 걱정하지 말라고 하셨다.

"반장 어머니시니 학부모 대표를 맡으셔야 합니다.

어머니께서 우리 반 학부모 이사가 되어주세요."

나는 그때부터 치맛바람을 일으키며 궂은일 좋은일 다 떠맡아 학교 출입을 했다. 소풍 가면 교장 선생님 도시락부터 담임 도시락까지 다 싸서 봉투를 넣어 줘야 하니 정신이 없이 바쁘게 지냈다.

어느덧 6개월이 지나 할머니 선생님은 정년퇴직하고 잘생긴 남자 선생이 담임이 되었다. 그런데 이 남자 선생님은 담배 한 보루에 양주 한 병을 주면 아주 만족하셨다. 나는 마치 그동안의 독한 시집살이를 벗어난 것처럼 속이 시원했다. 아들은 1학년부터 6학년까지 반장을 했다. 졸업식 때는 학생 대표로 선창도 잘했다.

중학교는 전포동에 있는 항도중학교로 가게 되었는데 또 담임이 여자 선생님이 되었다. 이화여대를 졸업한 영어 담당 교사였다. 도둑을 피하면 강도를 만난다더니 이 선생님은 더 고단수였다. 서로 친한 교사들이 수학 교사, 국어 교사가 있어 몰려다녔다.

일주일에 한 번씩 서면에 있는 '삼오정'이라는 갈빗집에서 식사를 대접하고 2차는 카바레를 갔다. 교사들이 춤추고 잘 놀더라. 나는 카바레는 처음 가보는 곳이라 기가 막혔다. 술좌석에 앉아 맥주 한잔 마시고 어리벙벙하게 구경하고 있는데 수학 선생님이 "**어머니, 한 곡 추시죠.**" 했다.

"**저는 춤 못 춰요.**"

그랬더니 춤 잘 추게 생겼는데 하면서 고개를 갸웃하더니 옆좌석의 여자와 나비같이 가볍게 춤을 추었다. 정신을 차리고 사방을 둘러보니 오색 등불 아래 쌍쌍이 붙어서 황홀한 듯 춤을 추는 모습이 나는 너무 부끄럽고 민망해서 계산하고 먼저 나와버렸다.

집에 와서 곰곰이 생각하니 참으로 선생 복이 없구나 하고 한탄이 나왔다. 초등학교는 늙은 여우 선생님이더니 중학교는 바람둥이 여선생이라 어찌하면 좋을까 싶었다.

하루는 선생님께 연락이 와서 학교에 갔더니 반의 학부모회장을 맡아 주고 선생님들께 식사 한번 대접하면 좋겠다고 했다. 나는 그러겠다 답하고 다음 날 수업 끝나고 학교에 다시 가는 것으로 알고 집으로 돌아왔다. 선생님 시키는 대로 안 하면 내 아들이 미움받으리라 생각하니 거절할 수도 없었다.

이튿날 시간 맞춰 학교에 갔더니 운동장에 학교 버스가 있고 선생님들이 한 25명이나 모여 있었다. 나한테는 상의도 안 하고 그렇게나 많이 모인 것이었다. 담임 선생님이 방긋 웃으면서 온천장에 아주 비싸고 맛있는 갈빗집으로 예약을 했으니 버스를 타라고 하였다.

마지막으로 교장이 차에 타니 버스가 출발하여 식당으로 갔는데 무슨 결혼식 피로연처럼 큰 방에 음식을 쫙 차려놓고 그 비싼 갈비를 나비넥타이 맨 총각들이 줄줄이 가지고 들어오는 것이었다. 기가 막혀 고기가 입으로 들어가는지도 모르겠더라. 우리 애 담임은 교장 선생님 옆에 딱 붙어 앉아서 '호호' 하면서 술잔을 따르고 있었다. '이 기막힌 장면은 혼자 보기 아깝구나! 그래, 내 환갑잔치라 생각하고 나도 먹자.' 평소 못 먹던 갈비를 배가 부를 정도로 실컷 먹었다.

    교장 선생님이 '오늘 너무 잘 먹었습니다'라고 인사 말씀을 하는데 계산서를 보니 눈이 튀어나올 정도였다. 카드도 없던 시절이라 전부 현금으로 지급해야 해서 계산대에 가서 뭐가 이리 많냐고 했더니 주인이 '오늘 선생님들이 포식했네요'라고 답했다. 지금 생각해도 너무 어이없는 일이었다. 밥값이 몇십만 원이 나왔으니 내가 간 큰 여자가 아니었으면 기절을 할 뻔했다.

    계산을 마치고 나오니 담임 선생님이 방긋 웃으며 잘 먹었다고 인사하면서 아들 걱정은 하지 말라고, 잘 가르치고 키우겠다고 했다. 나는 기가 차서 말도 잘 안 나와 잘 먹어서 나도 감사하다고 대꾸하고 말았다. 그로부터 아들은 반장이 되고 나는 학부모 이사가 되었다(그 시절에는 회장이 아니고 이사라고 불렀다).

큰 애가 중학생 둘째가 초등학생이 되었는데 책상 두 개를 놓기가 비좁았다. 남편에게 집이 작으니 큰 집으로 이사를 하자고 했더니 남편은 '돈이 있냐, 아직 은행 돈도 못 갚고 있는데'라고 잘라 말했다. 내가 '큰집으로 가면 은행에서 돈을 더 빌리면 되지' 하고 웃었더니 남편은 내게 참 간 큰 여자라 하며 덩달아 웃었다.

이튿날 복덕방 주인에게 가서 우리 집을 팔아주고 더 큰 집을 구해 달라고 했더니 얼마에 팔겠냐고 물었다.

"그 집에서 돈 많이 버셨소. 얼마나 파시려고?"
"한 300만 원은 받아야 안 되겠는교."
"300만 원은 좀 비싼 거 같은데."

"그럼 300만 원에서 십만 원만 깎아서 해주시소. 복비 많이 드리면 안 되겠는교."

집은 비록 허름한 세 칸 기와집이지만 저 집이 재수 있는 집이라는 소문이 나서 3일 만에 집이 팔렸다(실은 내가 부지런히 움직여서 돈을 모은 것이었지만!)

잔금 지급 날짜를 길게 잡고 집을 구하러 다녔지만, 마음에 드는 집을 구하지 못했다. 그러다 하루는 미장원에 파마하러 갔는데 어떤 젊은 여자가 그 미장원에 단골인 듯 원장과 이야기가 끝이 없었다. 그 여자 말에 바로 앞 세탁소 2층 건물을 자기가 샀는데 지금 사는 집을 팔아야겠다고 하면서 미장원 손님들에게 홍보를 부탁하는 것이었다. 내가 집이 어디에 있느냐고 물으니 초등학교 앞에 있고 방이 1층에 3개 2층에 2개인 2층 건물이라고 열심히 설명했다. 2층에는 할머니와 딸 둘이 전세 25만 원에 살고 있는데 전세 안고 사면 되니 마음에 있으면 같이 가보자고 제안했다.

## 꿈꾸던 이층집으로

 그 집은 내가 찾고 꿈꾸던 집이었다. 첫눈에 반했다. 집은 마음에 드는데 돈이 모자라서 안 되겠다고 했더니 얼마면 사겠냐고 해서 모두 500만 원뿐이라 돈에 맞춰 사야 하니 차이가 크게 난다고 했다. 그 여자는 자신도 이사 갈 집 잔금 해야 하니 500만 원 먼저 주고 나머지는 좀 늦게 줘도 된다고 했다. 그러면서 한 동네에 이렇게 잘 맞는 사람이 살기도 힘드니 당장 나를 형님이라고 부르겠다고 하면서 손을 꼭 잡고 '형님'이라고 불렀다. 나는 꿈을 꾸는 것처럼 황

홀했다.

　남편과 집 구경을 하니 남편도 마음에 드는데 돈이 되냐고 퉁명스레 물었다. 나는 은행가면 돈이 천지인데 뭐가 걱정이냐고 말하고는 그 길로 집주인을 찾아가 복덕방에서 계약하고 집에 와 물 한 모금 마시고 온 천지를 다 가진 것처럼 마음이 뿌듯해서 소리를 내어 웃었다.

　"하하하, 아이 좋아라. 나 이층집으로 이사간다!" 하고 맘껏 소리를 질렀더니 옆집 할머니가 눈이 둥그레져서 뛰어와 아기 엄마 어디 아프냐고 나를 부둥켜안았다. 나는 눈물을 글썽이며 "**할머니, 나 이층집으로 이사 가요**"라고 말하고 웃으니 할머니는 내가 병에 걸린 줄 알고 놀랐다고 하면서 그렇게 열심히 살더니 살 됐다고 축하해 주었다.

　한 달 후 우리는 이층집으로 이사했다. 기쁜 마음에 며칠을 청소해도 힘든 줄을 몰랐다. 안방에는 통영 칠기 가구를 예쁘게 넣고 삼층장 칠기에다 화장대도 모두 통영 자개로 하고 침대 놓고 금고까지 들이니 내가 왕비가 된 것 같았다. 살던 동네 아줌마들을 불러 집 구경을 시키는데 매일 떼로 몰려와서 수다 떨며 부러워하는 통에 몇 달을 잔치했다. 중국집 탕수육 짜장면을 한 달은 먹은 것 같지만 그래도 너무너무 좋았다.

2층에 전세 살던 할머니는 심술쟁이에다가 딸들은 예의가 없었다. 나도 셋방살이 하도 서럽게 해서 내가 주인이 되면 잘해주겠다고 마음먹었는데 막상 상대가 그러니 어쩔 수 없이 내보내고 아들 둘 있는 젊은 부부에게 집을 주었다. 이번에는 그 집 아들들이 자꾸 우리 애들하고 싸우니 이것도 골치였다.

남편에게 은행에 가서 추가 대출을 받아서 2층을 내보내고 우리가 다 쓰자고 했더니 애들이 싸울 수도 있지 애들 싸움이 어른 싸움이 되는 건 아니라고 생각

한다고 말렸다. 그런데 이층집 아줌마가 내려오더니 자기네가 이사를 나가겠다고 해서 더 고마웠다. 은행에 가서 추가 대출을 신청하니 감정을 해보고 20만 원을 쉽게 내주었다.

이사 나간 2층에서 청소하고 깨끗이 도배도 하고 예쁘게 만들어 아들에게 처음으로 자기 방을 주려고 성심을 다했다. 방을 꾸미는데 밥을 안 먹어도 배가 불렀다. 단칸방 셋방살이를 생각하면 나도 모르게 눈물이 나서 웃다가 울다가 실성한 여자처럼 방에 누워서 뒹굴다가 잠이 들었다.

맛있게 단잠을 자고 나니 아이들이 '학교에 다녀왔습니다' 하고 2층으로 올라와서 보고 기뻐하니 같이 안고 뒹굴었다.

"이젠 여기가 네 방이니 깨끗이 잘 쓰고 공부도 열심히 해라."

이튿날 책상을 들이고 책장도 넣고, 큰방은 첫째,

작은 방은 둘째에게 주었지만 다른 것은 모두 다 똑같이 해주고 나니 황홀한 기분이었다.

그동안 허리 한번 못 펴고 억척같이 살아온 보람이 오늘 여기에 다 있구나 하고 생각하니 행복한 눈물이 자꾸 흘렀다.

동네 별난 여자들이 수다를 떨며 '연지동 새 부잣집이 저 집이다'하고는 내가 지나가 때마다 젊은 사람이 어떻게 저리 돈을 많이 벌었을꼬 하고 부러운 눈으로 쳐다보며 지나갔다.

'남의 속도 모르고. 다 은행에서 빌렸어요. 그 돈을 갚아야 내 돈 되지.' 속으로는 이렇게 생각했지만, 겉으로는 나도 웃어주었다.

## 카페의 여사장

나는 밤낮 없이 일했다. 어느 날 서면 복개천에 짓고 있는 건물을 보았다. 건물 주인을 찾았더니 험악하게 생긴 중년 남자가 나와서 자기를 왜 찾냐고 물었다.

나는 인사를 하고 건물이 아주 예쁘게 지어졌다고 칭찬으로 말을 걸었다. 1층은 너무 비싸서 엄두도 못 내고 지하를 내가 좀 얻고 싶다고 했더니 평수가 한 70평인데 뭐 하려고 하냐고 물었다. 별생각 없이 물었던 거라서 주인이 그것까지 알아야 세를 내느냐고 되

물었더니 5층 건물인데 같은 종목은 안 주려고 한다고 했다. 갑자기 광복동 2층의 조그마한 카페에서 커피 한잔 먹던 생각이 나서 카페하려고 한다고 둘러댔더니 건물 주인이 카페라면 좋다고 계약하려면 이리로 연락하라고 명함을 주었다.

집에 돌아와서는 밤새도록 생각하고 또 생각하느라고 뒤척거리며 잠을 못 이루었다. 남편이 잠결에 너는 또 뭔 일을 저지르려고 잠을 못 자느냐고 타박을 했다. 그래도 나는 눈을 감고 곰곰이 생각할수록 너무 아까운 장소인 데다 마침 일수 받으러 다니는 것도 힘들던 터라 카페를 하고 싶다는 생각만 들었다. 하고 싶은 일은 꼭 해야 되는 성격이라 나도 나 자신을 못 말린다 하고 은행 가서 돈을 찾아 우선 계약만 하고 건물 지어질 때까지 기다리다가 중도금만 치르면 되겠다 싶어서 계약을 진행했다.

계약서를 쓰는데 가슴이 콩닥거렸다. 막상 계약서

를 받고 보니 마음이 불안해졌다. 남편한테 말도 안 하고 큰일을 저질렀다는 두려움에 길가의 빈 의자에 한 시간이나 멍하니 앉아 지나가는 사람 구경을 하고 있었다. 그러다 문득 이런 생각이 들었다.

'이미 일은 저질러 놓고 지금 걱정하면 뭐해. 공사하고 또 팔면 되지 바보야. 저 사람들 많이 지나다닌 것 좀 봐. 정말 장소는 좋은 곳이야.' 이렇게 생각을 마치고 벌떡 일어나 집으로 왔다.

일요일 아침밥을 먹고 남편에게 서면 시장 가서 시장도 좀 보고 애들 옷도 몇 벌 사고 맛있는 것도 먹자고 했다. 세를 얻어둔 건물 공사장 바로 옆 삼겹살집에 가서 소주 한 병 둘이서 나눠 마시고 이렇게 눙쳤다.

"저 건물 참 예쁘게도 잘 올라가네. 장소가 무엇을 해도 잘되겠다."

"장소가 좋아서 많이 비쌀 긴데."

내가 이때다 싶어서 이젠 일수하기도 힘들고 하니 지금부터 돈 거두어들이고 모자라면 은행에 가보면 된다고 했더니 은행 돈은 공짜냐고 소리를 질렀다.

**"니 언제 내한테 허락받고 했드나. 꼭 하고 싶으면 해라."**

그것이 승낙이었다. 나는 속으로 '웬일이야! 하지만 벌써 내가 계약했거든'하고 웃었다.

남편은 월급을 타면 봉투도 안 뜯고 내게 다 주는 사람이라 나는 그것이 너무 고마워서 남편의 월급은 한 푼도 안 쓰고 은행에 저축하고 있었다. 남편의 월급 통장하고 내가 받을 일수 돈까지 정리를 해보니까 잔금을 거의 맞출 것 같았다. 나도 모르게 큰소리로 아이 좋아라고 손뼉을 쳤다.

그래도 하룻밤을 자고 나니 걱정이 태산이었다. 잔금은 된다 해도 내부 공사비는 한 푼도 없었기에 생각 끝에 일수 받는 집 중에 동백장이라는 요정을 찾아갔다. 거기도 할머니가 사장이라 찾아가서 사정 이야기를 하고 집세는 맞추었는데 내부 공사할 돈이 없다, 어쩌면 좋으냐 사정을 했더니 장소가 어디냐고 물었다. 서면시장 사거리라 하니까 장소는 좋다고 인정해 주었다.

"무슨 장사 할낀데?"

"카페요. 카페 장사하려고요."

"술장사는 아무나 하나. 니는 젊었는데 술장사할 수 있겠나?"

"왜요. 할매는 늙었는데 장사 잘하잖아요. 나도 잘할 수 있어요."

그 요정 주인도 남자 못지않게 수완이 좋은 사람이었다. 가게는 이미 얻었고 실내 공사만 하면 되니 너무 걱정하지 말라고 하면서 술 회사에서 담보만 있으면 이자 없이 돈을 빌려주는데 술만 사주면 된다고 했다.

나는 그런 법도 있나 하고 구세주를 만난 것보다 반갑게 할머니 손을 잡고 고맙다고 이 은혜 절대로 잊지 않겠다고 눈시울을 붉혔다. 남의 장삿집에 초저녁부터 와서 그냥 가는 건 예의가 아니다 싶어서 술 한 잔 차려달라 하고 밴드 부르라 해서 술 따르는 아가씨까지 불러 멋지게 마시고 노래 부르고 춤을 추며 놀았다.

 사실 그 주인은 술을 못 먹어서 '술도 못 마시는 양반이 어떻게 술장사를 하냐'고 속으로 웃었다. 그때 계산이 얼마나 나왔는지는 기억이 안 나지만 꽤 큰 금액이 나왔던 것 같다. 내일 장부에 도장 찍어주면 되지 않겠냐고 했더니 그러라고 하면서 아가씨들 팁이나 주라고 했다. 지갑에 든 돈이 이것뿐이라고 하면서 있는 대로 다 주었다.

 "이 여자 참 물건이네. 술도 잘 먹고 춤도 잘 추고 노래도 잘 부르고 돈도 잘 쓰고. 참 멋있는 년이구나."

다음날 일수 받으러 갔더니 잘 생기고 멋진 중년 신사가 와 있었다. 나를 보자 일어서서 정중히 인사를 하며 자기 명함을 주면서 돈이 얼마나 필요하냐고 물었다. 나는 공사비 견적은 아직 안 받아서 잘 모르겠고 광복동에서 예쁜 카페를 봤는데 그렇게 하고 싶다고 했더니 그분(술 회사 전무님)은 그 집이 자기 회사 거래처라면서 그렇게 하려면 돈이 많이 들 거라고 했다. 나는 술집은 처음 시작하지만, 서면에서 제법 멋진 카페로 만들고 직원도 아주 세련된 사람을 모집할 거라고 했더니 고개를 끄덕이면서 담보물만 있으면 얼마든지 해주겠다고 했다. 자신의 직원을 보낼 테니 내일 집 등기부등본하고 가게 계약서를 가지고 오라고 했다.

"그 대신 우리와 거래하면 다른 집하고 거래하면 절대로 안 됩니다. 약속하세요."

"네. 저는 절대로 그런 짓 안 하는 사람입니더."

이렇게 서로 악수하고 헤어졌다.

나는 이런 세상도 있구나 싶어 가슴이 벅차서 숨이 쉬어지지 않을 정도였다. 그런 내 모습이 우스웠던지 요정 주인은 내가 참 순진하다고 하면서 커피도 안 마시니 시원한 꿀물이나 한잔 마시고 마음을 안정시키라고 했다. 그리고 돈 걱정은 해결했으니 장사할 준비나 잘하라고 했다.

"술장사는 내가 선배 아이가. 술장사 아무나 하는 거 아니다. 뭐든 모르면 묻고 혼자 결정하지 말거라. 의논하면서 맞춰가면 너는 참 잘할 거야." 이렇게 기운을 주었다.

친언니도 아닌 일수 고객이 이렇게 진실하게 나를 생각해주니 고마워서 나도 모르게 눈물이 나왔다. 나는 앞으로 언니라고 부를 테니 언니이자 선배로서 앞으로 많이 도와주고 사랑해달라고 부둥켜안았다. 그때 그 순간은 가슴이 너무 벅차서 지금은 표현조차 어려울 정도이다.

그 언니한테 인테리어 공사할 사람을 소개받아 거의 한 달 동안을 날만 새면 그 사람이랑 같이 다녔다. 광복동 카페에 가서 맥주 한 잔 시켜놓고 화장실과 주방도 꼭 이 집처럼 해달라고 했다. 그리고는 돈도 없는 주제에 큰소리치는 것이 내 18번이라 하고 웃었다. 공사하는 사람에게 서면에 카페가 많지만, 그중에 우리 카페가 최고 수준으로 만들어 달라고 부탁했다.

건물이 드디어 완공되고 우리는 바로 공사를 시작했다. 나는 하루도 빠지지 않고 공사장으로 가서 먹을 것을 대가며 거의 한 달 만에 완공시켰다. 똑똑하고 잘생긴 지배인을 데려오려하니 지금 다니고 있던 집의 외상값을 정리를 해줘야 한다 해서 꽤 큰 돈을 들여 외상값을 정리해 주고 데려왔다. 아가씨들도 내가 먼저 면접 보고 20명 정도를 데리고 왔다. 지금 생각하면 그 애들도 정말 불쌍한 애들이었다.

아가씨들에게 나는 호랑이 사장님이라고 소문이 나서 감히 내 앞에서는 고개도 잘 안 들고 내 손님이 오면 진심을 다해주는 등 장사를 잘해주었다. 그렇게 착한 아이들 덕택에 내가 돈을 번 것이다. 그 시절에는 카드도 없어 모두 간이 영수증에 싸인하고 파는 것이라 하룻밤 매상이 남편 월급보다 많았다.

# 호랑이 사장님

　어디든지 돈이 모이는 곳에는 양아치들이 꼬이게 마련인가 보다. 우리 카페가 수준이 높고 사장이 돈이 억수로 많다는 입소문이 나니 양아치들이 매일 저녁 성냥을 팔러 왔다. 지배인이 감당 못 하고 쩔쩔매고 있어 보다못해 내가 나갔더니 두 놈이 의자에 앉아 성냥 보따리를 들고 공손히 인사를 했다.

　이미 소문을 들어 이놈들이 무서운 놈들인 줄 알고 있었는데, 우리 가게에 와서는 양처럼 순하게 구니 나는 오히려 더 강하게 나갔다. 나도 의자에 앉아 '성냥 이것 팔아 밥 먹고 살겠냐? 오늘 성냥 내가 다 살 테니까 우리 집에 와서 영업부장이나 해라!' 하고 제안했다. 월급은 없고 사고 안 치고 외상값 잘 받아오면 10%를 주겠다고 했더니 코가 땅에 닿도록 절하고 열심히 하겠다고 크게 외쳤다.

"그래. 내일부터 출근하게. 복장 단정히 하고 이발하고 깨끗한 새 마음으로 오게." 했더니 다음날 이놈이 누구냐 싶게 딴사람이 되어 나타났다. '손님을 만나면 두 손 모아 인사하고 항상 고개는 60도로 숙여라. 그것이 네가 앞으로 이 세상 살아가는데 보탬이 될 것이다'라고 일러주었다. 지배인한테는 '오늘부터는 혼자 다니지 말고 이 아이 영업부장 시키고 수금하는 거 열심히 가르치세요'라고 일렀다. 나는 약속대로 영업부장이 수금을 해오면 꼭 10%를 떼어주었다. 1년이 지나고 나니 그 녀석도 아주 성숙해지고 제법 영업을 잘하게 되었다.

# 이웃을 향한 눈

5년이라는 세월이 훌쩍 지났다. 이제는 관공서나 세무서나 다 나를 모르는 사람이 없었다. 의령 촌년이 제법 출세했다고 혼자 웃음을 지었다. 그러던 어느 날 억수로 무서운 태풍이 와서 2층 방 창문 유리가 깨져 둘째가 발을 다쳤다. 놀라 병원으로 데려가 치료를 받았더니 동사무소에서 사람이 찾아와 아이가 태풍 때 다쳤으니 치료비 보상을 신청하라고 했다. 이튿날 병원 영수증을 챙겨 부산진구청을 찾아갔더니 치료비 봉투를 주었다. 집에 와서 남편과 아이들에게 구청에서 태풍 피해 보상으로 돈을 주었다 말하고 봉투를 열어보니 꽤 큰 액수였다.

무서운 태풍이 지나가 이재민이 많이 생겨 뉴스도 신문에도 며칠을 두고 기사가 나던 때였다. 나는 이건 누구의 잘못도 아니고 태풍 때문에 일어난 일인데 우리보다 더 많은 피해자가 있는데 이 돈을 어떻게 쓰겠냐고 하고 애들을 불러 놓고 구청에서 받은 돈을 우리보다 많이 다친 사람, 집도 없이 고생하는 사람한테 불우이웃돕기를 하자고 말했다. 애들도 모두 그거 좋은 생각이라고 찬성해주었다.

두 애를 데리고 받은 봉투 그대로 부산진구청에 가서 기부했다. 그랬더니 카메라를 가지고 와서 애들 사진을 찍고 참 착한 학생이라고 머리를 쓰다듬으면서 내일 밤 6시 뉴스에 나가니 텔레비전을 꼭 보라고 했다.

온 가족이 함께 뉴스를 보는데 내 아들 둘이 손

을 꼭 잡고 텔레비전에 나왔는데 아나운서가 부산진구 연지동에서 착한 어린이 두 형제가 자기네가 받은 피해 보상금 15만 원을 수재민에게 기부했다고 방송했다.

　나는 이 세상을 다 얻은 것처럼 기뻐서 눈물이 나왔다. 사랑하는 내 아들들에게 훌륭하게 잘 커서 봉사도 많이 하고 착하게 살라고 말하면서 아이들을 부둥켜안고 한참을 서 있었다. 나는 그때부터 조금씩 이웃 돕기도 하였다.

# 의령 자굴산 절로 가는 길 공사

　의령 자굴산 산봉우리에는 우리 할아버지가 만석꾼일 때 자주 사냥 다니다가 쉴 용도로 지어둔 작은 움막집이 있었다. 거기에 조금씩 판자를 붙이다 보니 제법 큰 집이 되어 있었다. 그런데 지나가던 스님이 그 움막을 청소하고 그곳에서 부처님을 모셨더. 그랬더니 신도들이 한두 사람 모여들었다. 우리 엄마도 동짓날 팥 한 봉 들고 내 손을 잡고 그 절에 갔었다. 절 올라가는 길가에 대나무숲이 있는데 눈이 많이 온 날이었다. 눈 위의 발자국이 있는데 마치 호랑이 발자

국 같았다. 어머니에게 무섭다고 했더니 호랑이가 절에 오는 사람은 절대 해코지 안 하고 늙은 할머니 보살들은 업고 간다고 해서서 웃었다. 그때부터 험한 산을 쉽게 오르는 길이 없을까 생각했지만 뾰족한 수가 없었다.

세월이 몇십 년이 훌쩍 흐른 어느 날 갑자기 의령 자굴산의 절이 어떻게 되었을까 하는 생각이 났다. 사촌 언니가 이웃에 살아서 자굴산 절에 같이 가보자고 했더니 자기도 가고 싶다 해서 마침내 그 절에 가게 되었다.

날을 잡아 산에 오르는데 산이 험하기는 예전이나 마찬가지라 가다가 쉬고 가다가 쉬고 하는 통에 해 질 무렵에야 절에 도착했다. 스님이 저녁을 맛있게 해주셔서 정말 입맛을 다시며 먹고, 같이 간 언니와 법당으로 가서 12시간을 넘도록 기도했다.

지성이면 감천이라고 내 정성을 부처님께서 알아

주셨는지 아침에 떠오르는 햇살 보고 '해보자, 하면 된다!'하고 고함을 쳤더니 스님 눈이 둥그레지면서 보살님 어디 아프냐고 물었다.

"스님, 그게 아니고예. 제가 밤새도록 '어쩌면 신도들이 힘들지 않고 절에 많이 올 수 있을지 방법을 알려 주세요'하고 잠들었는데 꿈속에서 '누가 그 길을 만들겠나. 니가 만들어라'했어예. 그래 깜짝 놀라서 일어났습니더."

"부처님께서 보살님께 숙제를 주셨으니 한 번 고생해보시고 만중생이 수월케 부처님을 찾아와서 기도하고 마음을 다스리게 합소서." 스님이 합장하면서 말했다.

"도로에서 절까지 오는 길을 놓는데 얼마나 들겠습니꺼?"

"아무리 안 들어도 아마 3,000만 원은 해야 할 것입니다. 저도 많은 고민을 했는데 뾰족한 수가 없네요. 통도사에 가서도 협조를 구했지만 단번에 거절당하고 말았습니다. 아무리 생각해도 엄두가 안 납니다. 힘드시겠지만 보살님께서 협조해 주세요."

스님은 그 말과 함께 노트 한 권을 내 앞에 놓고 십시일반으로 시주하시는 분들 주소와 이름을 적는 것으로 시작해 보라고 했다.

"스님이 연구를 많이 하셨네예."

"눈만 뜨면 어떻게 해야 길을 내서 부처님 편히 모실까 하는 그 생각뿐입니다. 시주하시는 분은 절 입구에 큰 비석을 세워 이름을 적고 백 년이 지나도록 안 지워지게 만들겠습니다."

"아이구, 심봉사가 따로 없네예. 심봉사는 심청 같은 효녀 딸이 있었는데 저는 딸도 없고 아들만 셋인데 어쩌나." 나는 이렇게 말하고 큰 소리로 웃었다.

"아잇, 까짓거 해보지요."

"보살님, 성불하십시오." 스님이 목탁을 탁탁 두

드렸다.

태산 같은 걱정을 안고 돌아와 가게에 출근해서 지배인을 불렀다. 우리 가게 이름은 '다나 카페'였다.

"이 일을 어짜면 좋겠노. 나는 아는 사람도 별로 없는데."

"사장님 혼자서는 못하니 우리 직원들하고 의논해서 방법을 찾아보겠심더."

"아이 고마워." 나는 지배인의 손을 꼭 잡고 복지어라, 복지어라고 말했다.

그래서 그런지 몰라도 그 후부터 장사가 잘되기 시작했다. 다른 카페보다 3배의 매상이 올랐다. 나는 우리 이러다가 이병철 씨보다 더 부자 되겠다고 지배인을 불러 장사도 잘되니 회식을 하자고 했다. 1층 큰 갈빗집에 한 사람도 빠짐없이 불러 12시까지 점심을 먹으니 식사비가 엄청 많이 나왔다고 지배인이 계산서를 들고 왔다. 가게 가서 입가심하고 영업 준비하라는 지시를 내리고 나는 사우나로 갔다.

뜨거운 물에 몸을 담그고 눈을 지그시 감고 생각하니 내가 여왕이라도 된 것 같았다. 의령 촌년이 출세한 것이다. 그날 이후 조금이라도 안면이 있는 사람이면 찾아가서 정기가 많은 의령 자굴산에 시주하면 자손들 잘 크고 소원을 이룰 수 있다, 부처님 앞으로 많은 사람이 편히 갈 수 있게 시주하라고 열심히 권했다.

8개월이 훌쩍 지났다. 오만 원권 지폐가 없던 때라 만 원짜리로 이천만 원을 가방에 넣으니 혼자 못들 무게였다. 지금 생각하면 은행 통장을 만들어 주었으면 고생도 덜했을 것인데 그 무거운 돈 가방을 들고 산을 올랐다. 법당에 도착해서 부처님 앞에 그 돈을 놓고 스님과 함께 기도했다. 108배를 한 것은 처음이었다.

"부처님, 이 돈으로 길 공사를 하니 사고 없이 잘 완공되기를 도와주시고 시주한 사람들 한 사람도 빠지지 않고 성불하게 해주십시오."

"스님, 이렇게 열심히 기도했으니 공사를 내일이라도 당장 시작하고, 힘들더라도 택시가 오르내릴 수 있게 해주세요."

몇 개월이 지나 연락이 왔다. 길 공사가 거의 마무리된다고 전해 와서 은행에 가서 잔금 1,000만 원을 찾고 지배인한테 내일은 자굴산 절에 가는데 영업부장 데리고 가자고 해서 셋이서 천만 원을 들고 가니 지난번보다 영 수월했다. 절에 도착하니 입구에 큰 비석이 서 있는데 제일 앞에 내 이름이 '길 공사 시주자'로 크게 쓰여 있고 뒷면에는 시주자 이름과 옆에 금액이 쓰여 있었다.

"스님, 이 비석을 만드느라고 돈이 많이 들었겠는데 어떻게 하셨어요?" 하고 물었다.

"보살님께서 그렇게 열심히 시주하셨는데 그 공탑이 백 년이 가더라도 안 없어지도록 절에서 만들었습

**니다. 성불하십시오."** 하시며 절을 했다.

그것을 보던 영업부장은 사장님 대단하시다고 한다.

**"야, 그것을 이제 알았냐? 내가 이런 사람이다."** 하고 큰 소리로 웃었다.

나도 내 자신에 놀랐다. 스스로가 참 기특하고 훌륭한 일을 했다 싶었다. 이 큰 공사는 나 혼자 한 것이 아니라 부처님의 공덕과 자굴산 산신님의 힘으로 탈 없이 이루었으니 시주자 한분 한분 성불하시고 가정의 평화를 이루시고 장수하시기를 빈다고 부처님께 기도하고 산에서 내려오니 너무나 행복했다.

# '다나까' 수상**

 

 길 공사를 끝내고 나니 우리 카페는 더 장사가 잘 되었다. 아가씨들도 아주 예쁘고 수준 있는 사람들로 많이 쓰니 소문이 잘 나서 지위가 높은 손님들이 접대하러 많이 왔다. 큰 건설회사 사장들도 많이 이용해 주었다. 그런데 장사를 하다 보면 좋은 것이 있다면 나쁜 것도 따라오는 법이다.

 하루는 아주 험상궂게 생긴 깡패가 세 명이 와서

---

** 다나까 수상: 일본의 64·65번째 내각총리대신을 지낸 일본의 정치인입니다. 다나카 수상이 강력한 카리스마를 가진 정치인으로 표현이 되었기에 강력한 카리스마를 가진 본문의 저자를 저자의 어감을 담아서 '다나까' 수상으로 위트 있게 표현하였습니다.

양주 2병을 먹고 돈을 안 내고 외상을 한다고 하니 지배인은 꼼짝 못 하고 영업부장도 손을 못 쓴 채로 계산대로 들어와 '저 사람 부산시에서도 잡지 못하는 사람인데 어떻게 할까요?' 하고 물어왔다. 나는 외상 장부를 가지고 어느 손님이냐고 물었더니 멀쩡하게 생긴 녀석이었다.

"사장, 내 싸인 받아주소."

"나도 땅 팔아 장사하는 것이 아닌데 어떻게 생전 처음 보는 사람한테 외상을 주겠소? 돈 주시오."

그러자 돈을 줄 테니 자신을 따라오라고 해서 나는 웨이터 한 명을 데리고 택시를 타고 같이 갔다. 동래구청 앞에서 택시 안에서 기다리라고 하고 내리더니 어떤 집에 들어가서 돈 30만 원을 가져다주었다.

나는 속으로는 겁이 나서 간이 떨렸지만, 겉으로는 큰소리쳤다. 가게에 돌아오니 직원들은 우리 사장 무사하겠나 걱정이 되어 손님도 안 받고 떨고 있었다가 내가 수금해 오니 모두 눈이 둥그레서는 사장님 대단하다고 법석이었다. 그 깡패놈은 다방이나 술집에 가서는 절대로 돈 안 주고 자기 기분 안 좋으면 칼로 사람을 찌르고 감방에 가는 것도 두려워하지 않는 놈이라고 지배인 안색이 노랗게 변했었다.

그런 일이 있고 난 뒤, 나도 마음이 안 편해서 지배인에게 그 깡패 내가 술 한잔 산다고 오라고 연락하라고 시켰다. 그 깡패가 '사장님 무서워요' 하면서 찾아왔다. 나는 우리 집에서 제일 예쁜 아가씨를 데려와서 시중들게 하고 오늘은 내가 사는 것이니 마음껏 먹으라고 했다. 2시간이 지나 나도 한잔 먹자 하고 아가씨 내보내고 둘이서 한잔하면서 내가 그날 30만 원 받은 거 돌려준다, 앞으로는 남의 영업집에 가서 그렇게 하지 마라, 다들 힘들게 열심히 사는데 약자를 힘들게 괴롭히면 안 된다, 자네는 인물도 잘생기고 젊은데 왜 일을 안 하고 이렇게 사냐, 내가 취직시켜주겠다고 하니 껄껄 웃었다.

"누님, 누가 우리 같은 전과자를 써요. 우리는 취직이 안 돼요."

"무슨 소리! 전과자들 써주는 곳에 가면 되지. 아파트 공사장에서 일 배운다 생각하고 마음 잡고 일하겠다면 내가 취직시켜줄게."

"누님이 취직시켜만 준다면 마음 잡고 일 하겠습니더."

그 당시 부산에서 처음으로 삼익아파트가 들어와서 그곳 현장 소장이 우리 카페의 단골이었다. 그 소장에게 부탁했다. 아주 착하고 힘센 동생이 있는데 아파트 공사 현장에 경비를 세우든지 노가다를 시키든지 취직을 부탁하였다.

"사장이 부탁하는데 해야지. 잘 아는 사람이요?"

"내 이종 동생입니더."

"**현장 사무실로 보내 보세요.**" 소장이 명함을 내밀며 말했다.

나는 오늘 술은 아가씨 팁까지 내가 다 사겠다고 하고 웃었다.

이튿날 지배인을 시켜서 깡패에게 내가 찾는다고 연락하라 했더니 눈썹이 휘날리게 뛰어왔다.

"너 목욕하고 이발하고 깨끗이 입고 이 사람 찾아가서 누님이 보냈다고 해라."

이틀 후에 다음 날부터 공사장의 물건 들어오고 나가는 감독관이 되었다고 인사를 하러 왔다.

"너는 내 이종 동생으로 되어 있으니 내 얼굴에 먹칠하지 말고 열심히 살어."라고 격려했다. "나 같은 놈을 동생이라 생각하고 취직도 시켜주고 사람답게 살게 해주니 누님의 은혜 죽을 때까지 잊지 않겠습니다." 그 녀석은 넙죽 큰절을 하면서 눈시울을 적셨다.

한번은 소장님이 와서 좋은 친구 소개해주어 고맙다고 믿음직하게 일도 잘한다고 칭찬해주어 같이 웃었다.

사람은 처음부터 깡패로 태어나지 않는다. 세상이 그렇게 만든 것일 뿐, 상대가 선하면 그 진심을 알아보고 따르게 되어 있다. 처음부터 나쁜 놈은 없다. 내가 선하면 상대도 선해진다. 나는 그것을 깨달았다.

소문이 부산 주먹 세계에 쫙 퍼졌다. 입구에는 저를 써주면 열심히 하겠다는 이들이 많이 찾아왔다. 나는 지배인을 불러서 그런 것까지 내가 신경 써야 하냐고 잔소리하고는 깔끔하게 잘생긴 놈, 배신하지 않을 만한 놈으로 하나 찾으라고 시켰다.

과연 어느 날 한 녀석이 찾아왔는데 물건이었다.

"사장님, 열심히 하겠습니다. 이쁘게 봐주십시오, 다나까 수상님!" 하면서 60도로 절을 꾸벅했다.

"그래, 열심히 하면 밥 먹고 사는데 지장 없이 잘 살게 해줄게. 너는 우리 집의 거울이다. 우리 집에 오시는 분이 제일 먼저 만나는 사람이 네 얼굴 쳐다보고 오지 않겠냐. 네 간이나 쓸개, 창자는 출근할 때 다 너거 집 기둥에 묶어 놓고 출근해라. 그러면 우리 집에서 제일 귀염둥이 식구가 안 되겠나."하고 머리를 쓰다듬으니 모든 직원이 박수했다.

나비넥타이 매고 문 입구로 나가는 뒷모습이 멋졌다. 지배인을 불러서 저놈이 왜 나를 다나까 수상이라고 부르냐고 물었다.

**"서면 건달들이 사장님 별명을 그렇게 지었어요. 멋지잖아요, 다나까 수상님!"**하고 웃으니 옆에 있던 다른 직원들도 모두 한바탕 웃었다.

영업시간이 되어 음악 틀고 준비하고 있는데 참 예쁜 손님이 먼저 왔다. 지금은 세무소가 있지만 그 시절에는 카드도 없고 현금영수증 같은 것이 없어서 구청에서 물건 들어오는 영수증을 보고 세금 부과 담당 공무원이 세액을 정하던 때였다. 그때는 우리 유흥업계에서는 세무서가 대통령이라 그 사람 볼펜 자루에 우리 세금이 올라가고 내려갔다. 그 세무서 직원은 질이 안 좋았다. 딸 같은 애들 데리고 자기 기분대로 다 하고 그 비용도 우리한테 물리고 큰소리 탕탕 쳤다. 그놈은 지금 어느 세상에서 자기 전성시대를 반성하고 있는지, 아니면 염라대왕 앞에서 무릎 꿇고 사죄하고 있는지 궁금하다.

그 시절 남들은 나를 화려하고 대범하고 잘난 여장부라 불렀고 친구들도 나를 많이 부러워했다. 그렇지만 나는 항상 마음이 허전했는데 내 성격이 털털하니까 과거는 씻어 버리고 내일만 보고 살자는 주의였다. 아이들이 곧 중학교 들어갈 때가 되어 오니 가게를 정리해야겠다는 판단이 섰다.

"오늘부터 우리 집 VIP 손님만 받고 일체 외상 주지 말고 내일부터는 직원을 데리고 나가 수금을 하도록 해. 나도 가정주부가 이 생활 6년을 하고 돈은 많이 벌었지만, 너무 힘들어 좀 쉬어야겠다."라고 지배인을 불러 통장을 하나 주면서 들어오는 현금은 모두 거기에 입금하라고 시켰다. 거기에 오늘까지 1년이 된 직원들은 퇴직금 줄 테니 자신들의 외상값은 꼭 수금하라고 했다.

"사장님, 제가 술집 생활 20년이 됐는데 술집에서 퇴직금 주는 사람 사장님이 처음입니다."

"맞다. 나도 내가 처음인 거 같다. 손님 접대한다고 먹기 싫은 술 먹고 속 버리며 일했는데. 너네 덕분에 내가 돈 벌었잖아. 다들 고생 많이 했는데 갈라 써야지."

"사장님, 정말 존경합니다!" 지배인은 눈물을 훔치며 나를 한번 안아보고 싶다고 덧붙였다.

"그래 한번 안아보자. 나도 6년이나 정들었지. 잘 살아라. 어려운 일 있으면 찾아와서 의논도 하고 하면 내가 힘이 되는 데까지 도와줄게."

나는 이렇게 말하고 영업부장 불러서 최고 비싼 양

주 한 병 가져오라 해서 셋이서 술 한잔 먹으면서 울다 웃고 참 즐거웠다. 그 시절 그 직원들 다 잘살고 있는지 너무 궁금하고 보고 싶다.

> 이 책이 세상에 나가면 다나까 수상 잊지 말고 찾아오면 좋겠다. 너무 보고 싶다. 너희들 모두 내 자식같이 생각했었다. 지금 어느 하늘 아래 살고 있는지 정말 보고 싶구나!

우리 가게는 장사 잘된다고 소문도 아주 좋게 나서 일주일 만에 가게가 팔렸다. 권리금은 1,500만원 받았다. 지금 돈 가치로 하면 1억 5천이 넘을 것이다. 가게가 계약되고 기분이 너무 좋아 구름 위에 덩실덩실 춤추는 기분이었다.

"가게도 정리되었으니 우리 식구들 송별회를 해야 안 되겠나." 지배인을 불러 서면 건달들까지 불러서 다음날 낮에 모여 점심 먹고 한판 놀자고 했다. 다 모이니 한 80명이 되었다. 불고기 먹고 2차는 우리 집에서 하고 악기 좀 잘 치는 밴드 불러서 하룻밤을 놀았다. 내 인생 최고 멋진 파티였다. 지금도 그때만 생각하면 웃음이 절로 난다. 그날 밤 쓴 돈이 100만 원은 되었을 것이다.

# 3부

# 서면시장의 럭키 대리점

# 서면시장의 럭키 대리점

 가게를 팔고 얼마뒤에 남편과 이야기를 나누었다. 남편은 자신이 럭키 회사에서 일한지 23년인데, 이제는 자기 사업을 하고 싶다고 했다. 무슨 사업을 하려고 하냐고 물었더니 럭키 회사에서 나오는 장판 대리점을 하고 싶었는데 여태 돈이 없어서 생각만 했다고 했다. 담보는 집을 잡아서 은행 대출로 가게 얻고 트럭으로 물건 몇 대 가져오려면 아무리 못해도 천만 원은 있어야 했다.

 "그럼 내일부터 서면시장 쪽에 가게를 구하고 회사

에 사표 내고 빨리 움직여서 사업 시작합시다."

그렇게 해서 서면시장 한복판에 30평 되는 큰 가게를 계약했다.

'서면 럭키 대리점'을 개업하였더니 장사가 잘되었다. 그런데 사무실 경리 보는 고졸 조카가 있었는데 아주 고약했다. 그 시절에는 전부 현금 장사라 매출에서 하루에 몇만 원씩이나 비는 것 아닌가! 게다가 먹기는 왜 또 그렇게 많이 먹는지 옆집까지 소문이 났다. 그 아이 때문에 우리 부부는 싸움도 많이 했다.

**"저 아이가 도둑질을 많이 한다고 직원들도 그러고 옆집 아줌마도 말하는데 와 당신만 안 믿노?"**

하루는 내가 간이 영수증에 보이지 않게 숫자를 적었다. 마감 시간이 되어 마감하고 직원들 퇴근하고 그 간이 영수증을 조사하니 5장이 비었다. 증거를 잡아 남편에게 들이밀고는 일이 더 커지기 전에 내일 당장 내보내자 했다.

남편과 싸우고 내가 가게도 잘 안 나가고 했더니 본인이 눈치를 채고 그만두었다. 대신 남자 직원을 뽑았더니 양심 있게 일을 잘하고 솔직하게 먹고 싶은 것은 사달라고 말을 해서 우리와 잘 맞았다. 그는 10년을 근무하고 퇴직금으로 작은 소매상을 차렸는데, 우리가 도와주기도 했지만 본인도 장사를 참 야무지게 잘해서 결혼도 하여 아주 잘 살았다. 이 일로 나는 친척보다 남이 더 낫다는 것을 깨달았다. 친척은 열 번 잘하다가 한번 잘못하면 동네가 시끄럽고 뒤에서 욕하는데 남은 열 번 잘못해도 한번 잘해주면 죽도록 충성하고 배신하지 않았다. 지금까지 40년을 사업해도 친척은 한 번도 안 썼다.

 남편의 사업은 날로 번창했다. 그 시절 부산 경남 럭키 총판을 했으니 1년에 60억을 팔 때가 있었다. 모든 돈 관리는 내가 다했다. 우리는 상업은행이 옆에 있어서 주거래 은행으로 삼았는데 하루는 요정을 하던 할매가 점심 먹자고 했다. 갔더니 멋진 중년이 옆에 있다가 인사를 하였다. 명함을 주고받고 일식집에서 점심을 맛있게 먹고 사업 이야기를 하는데 은행은 이자가 적은데, 자신이 사장으로 있는 한국상호신용금고에 어음하고 보통예금을 맡기면 이자를 3배는 더 받을 수 있다고 은행을 옮기라 권유했다. 나는 욕심이 많은 사람이라 귀가 솔깃했다.

점심을 먹고 그 상호신용금고 사무실로 가서 커피를 마셨다. 사장 사무실도 크고 아주 잘 꾸며,놨다.

**"사장님, 한국은행이 부도나도 우리 신용금고는 부도가 안 납니더."**

이렇게 유도하니 통장도 하나 만들고 적금도 들고 그날부터 은행에 있던 돈을 조금씩 상호신용금고로 옮겼다. 10년을 거래하다 보니 나도 돈을 많이 벌었었다. 철석같이 믿고 보관해서 수금해 오는 어음도 다 그 신용금고에 보관하고 맡겼다.

# 부도!!

 어느 날 TV에 한국상호신용금고 사장이 부도를 내고 돈을 가지고 도망쳤다고 뉴스가 나왔다. 나는 설마 아니겠지, 다른 사람이겠지 하고 입을 다물지 못하고 떨리는 손으로 사장 집에 전화하니 안 받았다. 아침 일찍 금고 사무실로 갔더니 직원들도 고개를 숙이고 있고 사장의 친조카조차 집 팔아서 넣어 둔 자기 돈 8,000만 원도 가지고 갔다고 하면서 삼촌이 이럴 수가 있나 하늘이 무섭지 않나 하면서 통곡했다.

 조금 있으니 도떼기시장은 양반이었다. 몇백 명의

사람들이 몰려들어 아들 등록금, 집 잔금 낼 돈, 가지각색의 사연을 말하며 땅바닥에 주저앉아 통곡하던 그 모습이 지금도 눈에 선하다.

기가 막혀서 아무 말도 못 하고 멍하니 1시간을 넘게 그 자리에 서서 통곡하는 사람들을 쳐다보면서 그래, 사람 나고 돈 났지 돈 나고 사람 났나, 내가 욕심을 너무 부려서 이 사달이 난 것이다, 내 목숨 그 돈 100억으로 샀다, 하고 일어서려 했더니 다리에 힘이 풀려서 일어설 수가 없어 도로 주저앉고 말았다. '내 것이 아니니 어쩌노, 어쩌노.'

그날 후 우리 어음은 자동으로 부도가 났다. 창피스럽고 후회되고 억울하고 나 자신을 원망하고 밥이 소태같이 써서 먹지도 못하고 열흘을 몸살을 크게 앓았다. 참 안 먹고 안 쓰고 독하게도 모았던 돈이 나를 이렇게 배신하는구나 싶었다.

이를 악물고 '돈이라는 것이 요물이니 또 벌면 된

다'하고 주먹을 불끈 쥐었다. 그때로부터 30년이 지났다. 한번 운이 가면 큰 대운은 잘 안 오더라.

그러던 중 부산에서 큰손이라고 소문난 내가 창피해서 마음대로 움직이지도 못하니 화가 치밀어서 도저히 살 수가 없었다. 하루는 친구와 양주 두 병을 마시고 집에 오려고 택시를 잡다가 버스 앞에 살짝 부딪혔는데 오른쪽 고관절이 부러져서 그동안 아팠던 몸과 마음을 돌보며 부산대학병원에서 6개월 동안 푹 쉬었다.

어느 날 꿈에 누구라고 형용할 수 없는 할아버지가 큰 지팡이로 나를 탁 때리면서 아직 할 일이 많은데 왜 자꾸 누워 있냐고 고함을 질렀다. 놀라서 잠자다가 아프다고 소리치며 벌떡 일어나니 간병인 아줌마가 놀라서 간호사를 부르고 열을 재고 난리가 났다.

시계를 보니 새벽 2시였다. 아무리 생각해도 그 할아버지는 염라대왕인 것 같았다. 나는 두 손 모아 합장하고 '염라대왕님 감사합니다. 오른쪽 다리 하나는 절름발이가 되었지만, 이 장애인 몸으로 부끄럽지 않게 이 생명 다하도록 양심껏 열심히 살겠습니다. 부디 이 불쌍한 중생 도와주십시오' 하고 누워서 울면서 기도했다. 그때 그 시절을 생각하면 지금도 눈물이 난다.

하염없이 울다가 또 웃다가 했더니 눈이 퉁퉁 부어서 아침에 의사 선생님이 회진을 왔다가 왜 그러냐고 물었다. 집에 가고 싶다고 했더니 내일이라도 주선해 줄 테니 퇴원을 하라고 허락했다.

## 집에 부처를 모시다

 우리 집은 3층이라서 계단 오르는 것이 불편했다. 그래도 집에 오니 너무 좋았다. 하지만 기쁜 마음도 며칠뿐 하루는 심심도 하고 해서 옛날부터 잘 아는 무당집에 가서 신수도 보고 궁금한 것 묻고 꿈 이야기도 하러 갔다.

 "보살님도 우리같이 신을 받아야 하는데. 신을 안 받으면 재물도 다 나가고 몸도 병신이 됩니다."

 "그라면 어쩌면 좋아예?"

 "한 가지 방법은 보살님 거실도 크니 부처님을 모

시고 기도 열심히 하면 큰아들 장가도 가고 보살님도 건강할 것입니다. 그게 보살님이 장수할 길이니 하루빨리 부처님을 모시시오."

그래서 아는 후배에게 소개받은 스님을 찾아가 부탁을 드렸다.

"무당이 부처님을 모시라 했는데 엄두가 안 납니더. 나를 조금 도와주이소."

"소승이 있는 절에 빚이 150만 원 있는데 보살님이 이걸 갚아주면 내일이라도 가겠습니다."

은행에서 150만 원을 찾아 드렸더니 스님은 그 이튿날 우리 집으로 이사를 오셨다.

우리 집은 3층 건물인데 방이 식당 방까지 8개에 거기에 최신 홈바와 거실이 40평, 인공 연못에 물레방아 돌아가고 예쁜 앵무새가 2마리 있었다. 큰 어항에는 아로아나 열대어를 4마리 들여놓았다. 친구들이 오면 부러워 하기도 했다. 다른 친구는 그러면서 배가 아프니 점심을 내가 사라고 하면서 고스톱을 치고 놀다 가겠다고 했다.

집 1층은 횟집인데 우리 집이 단골이었다. 거기에 전화해서 주문하니 사장 목소리가 달라졌다. 우리는 회가 오기를 기다리며 고스톱을 치면서 돈 딴 사람이 회를 사는 거로 하자며 웃었다. 남편들한테는 친구 집이 너무 좋아서 저녁 먹고 간다고 전화를 했다. 모두가 깔깔대며 남편이 알면 쫓겨난다고, 그러면 니가 먹여 살려라 하면서 농을 했다. 그러다 식사가 올라와 보니 고급 회라고 계산이 엄청 비쌌는데 그 회가 '줄돔'이라고 해서 맛있기는 했다. 의령 촌년들이 아이구 혀가 깨소금을 찍었다 하면서 또 깔깔대었다.

보고 싶은 내 친구들, 언제 한번 만나자, '이 가시나야! 아직 안 죽고 살았나' 하고 크게 한번 웃어보자.

타향살이 손꼽아 세어보니 고향 떠난 지 70, 80년이 되어 내 청춘도 가고 늙었다. 원통하다, 이것이 인생살이구나!

내가 살아온 인생을 돌아보니 자꾸만 눈물이 나면서 이유 없이 슬퍼진다. 창문을 내다보니 초가을 비가 주룩주룩 많이 온다.

'**하느님이 내 마음 알아주시어 이렇게 비를 많이 내리시는가. 소리라도 시원하게 내면서 울게 하시네.**' 치매가 오려고 하는지 왜 자꾸 눈물이 나는지 모르지만 울지 말고 웃고 살아야 복이 온다고 스스로를 달랬다.

스님이 우리 집으로 이사를 왔다. 나는 거실에 부처님을 모실 준비를 하고 다비를 짜고 불교상회를 스님과 같이 다니면서 삼존불과 탱화를 만들어 법당이 아주 화려하게 만들어졌다. 날짜를 받아서 부처님 모시는 행사를 아주 멋지고 크게 했다. 큰 스님이 9분

오시고 시주도 많이 들어오고 신도들도 약 백 명이나 왔다.

하지만 인연이 아닌지 스님은 1년도 안 되어 우리 절을 떠나고 나는 너무 힘들어서 아침에만 천수경하고 부처님께 기도하는 것으로 거의 10년을 부처님을 모셨다.

그러던 중 건물이 경매에 들어가서 부처님을 깊은 산중에 계신 스님께 부탁해서 모시고 가게 했다. 내가 잘 모시지도 못하는데 큰 스님이 모시고 가니 한결 마음이 가벼웠다.

## 제주도 생활

 불행 중 다행으로 잘 아는 사람이 우리 집을 경매로 받아 그 집에서 몇 년 더 살게 해주었다. 그리고 우리 부부는 제주도로 이사 갔다. 공기 좋고 물 맑은 제주도에 오니 너무 좋았다. 그런데 인심은 사나웠다. 먹고 살기 위해 방 3개짜리 주택을 아주 싸게 전세로 빌려서 방 하나는 우리 부부가 쓰고 방 2개를 깨끗하고 예쁘게 꾸며 민박으로 만들어 손님을 받았다. 야자나무 숲속에 싸고 좋은 집으로 소문이 나서 손님이 꽤 많았다. 손님에게는 귤도 따 먹게 했다. 그래도 귤

나무가 많아서 1년 농사에 수입이 꽤 많았다. 나는 제주도에서 제2의 인생을 살자고 굳게 맹세하고 열심히 10년 세월을 하루 같이 보냈다.

  어느 날 큰아들이 엘지화장품에 근무했는데 여의도 63빌딩 면세점을 개업했다. 보통 면세점은 관광회사와 계약을 해야 관광버스가 많이 들어오는데 63빌딩에서는 점포만 많이 만들어 놓고 관광회사와 계약을 한 군데도 안 했다고 한다. 그러니 장사가 잘될리가 있나? 거기에 입주한 상인들만 쫄딱 망하고 말았다. 누구를 원망하랴, 우리가 약자인데.

# 건대 앞 '스시오'

그때부터 힘든 세월이었다. 은행 빚만 늘었다. 세월이 지나 2년이 훌쩍 넘었다. 노이로제가 걸려서 돌아버릴 지경이었다. 밤낮없이 생각하고 생각해도 대책이 없었다. 그러던 어느 날 잘 아는 지인이 연락이 왔다. 만나보고 싶다고 해서 아들을 데리고 찾아갔더니 수원에서 고깃집을 하고 있었다.

건국대학 앞에 '스시오'라는 회전 초밥집을 하고 있는 친구가 너무 힘들어서 못 할 것 같으니 어머니께서 한번 가보시라 하면서 장사는 아주 잘되는 집이라고 권유했다. 당장 아들과 가보았더니 사장은 없고 종업원들끼리 영업을 아주 잘하고 손님들이 많아 정신이 없었다. 우리는 당장 계약을 하겠다고 주인을 만나자고 연락했다.

권리금도 달라는 대로 주고 계약을 했다. 직원도 그대로 11명을 잔금 치르는 그 날까지 계산해주고 인수했다. 정말로 손님이 너무 많이 와서 문 앞까지 줄을 섰다. 정신없이 장사가 잘되었다. 이렇게 말하며 동·서·남·북을 향해 삼배를 절했다.

건국대학교를 마주 보는 곳이 우리 가게다. 깔끔하고 싱싱하고 맛있는 우리 가게다.

어제 개업한 것 같은데 벌써 6년이라는 세월이 흘렀다.

젊은 청춘 남녀가 손잡고 많이 오는데, 나는 아침에 스시오에 출근하면 제일 먼저 계산기 앞에서 오늘도 건강하고 좋은 하루 보내고 스시오에서 음식 먹고 가는 사람 한 분도 빠짐없이 건강하고 행복하시기를 빌며 삼배 기도를 한다. 오늘도 파이팅!

좋은 일이 있으면 나쁜 일도 따라오는 것이 인생살이인지 우리가 스시오를 시작한 지 2년 조금 지나고 나니 그 무섭고 겁나는 코로나 병이 와서 너무 힘든 시간을 보냈다. 11명이던 식구가 5명으로 줄고 손님이 없으니 준비했던 음식물을 마감할 때 쓰레기통에 다 버려야 했다. 마음이 한없이 괴로워 울기도 많이 울었다. 직원들 월급도 못 주고 집세도 밀릴 정도로 힘들었다.

이렇게 내가 힘들어지니 친구도 친척도 다 나를 멀리하고 하루에 몇 번씩 전화하던 친구도 돈 빌려달라 할까 봐 내 전화는 받지도 않았다. 그래서 그때부터 내가 먼저 연락을 끊었다.

나는 이를 악물고 통곡했다. 그래 한 달이 크면 한 달은 적다. 80년을 잘 살아왔으니 죽을힘을 다하면 살

길이 열리지 않겠나 하고 직원을 모아 회의를 했다. 우리가 지금 무너지면 살길이 없다. 월급이 좀 늦어도 불평하지 말고 이 어려운 시기를 잘 넘기면 좋은 날이 오지 않겠냐, 이럴 때일수록 정신 바짝 차리고 웃으면서 손님을 즐겁게 하다 보면 꼭 이 위기를 넘기고 활짝 웃을 수 있을 것이다. 같이 노력하자 하고 파이팅을 외쳤다.

그날 이후로 직원들에게 미소로 대하다 보니 매상이 조금씩 나아지는 듯했다. 서울 시내에 11개 스시오 점포가 있는데 코로나로 인해 9개 점포가 문을 닫았다. 그래서 본사에서는 주문을 매일 못받으니 3일에 한 번씩만 하라는 공문을 보냈다. 처음에는 너무 놀라서 당황했는데 그것이 오히려 잘된 것 같다. 점장을 불러 의논을 했다.

냉동 물건은 본사에 주문하고 가락시장에 가서 싱싱하고 좋은 물건들, 우리가 조금 귀찮아도 직접 가지고 오면 손님들도 맛있는 것 먹으면서 이 어려운 세상을 살아가는 데 조금이라도 도움이 안 되겠냐고 했더니 사장님 말씀이 맞다고 하면서 동의해 주었다.

아침 6시에 가락시장 경매장에 갔는데 정신이 하나도 없어서 무엇을 어떻게 해야 하는지 웃으면서 구경만 했다. 1시간 정도 구경하다가 좀 젊어 보이는 사람한테 물건을 사려 하는데 어떻게 하면 되냐고 물었다. 그 사람이 자기를 따라오라고 했다. 따라가 보니 자기 가게로 데리고 가면서 뭐가 필요하냐고 했다. 광어와 연어를 많이 쓴다고 하고 우리 명함을 주고 거래를 텄다.

지금까지 그 점포와 거래를 하고 있는데 항상 우리 집에 싱싱하고 좋은 물건을 대주고 늘 웃으면서 인사를 한다.

# 암이 2개나 있는 몸

나는 손님들이 만족하고 고개를 끄덕거리며 식사를 하는 모습을 보면 힘든 하루의 피로가 싹 풀린다. 그렇게 열심히 살다 보니 집에 오면 녹초가 된다. 그런 일상이 매일 반복되다 보니 몸이 많이 망가졌다.

2021년 서울 아산병원에서 대장암 수술을 받았다. 그 후 6개월마다 검사하러 가는데 2023년 9월 6일에 검사하러 갔더니 대장암은 괜찮은데 간에 암이 생겼다는 진단을 받았다. CT MRI를 찍고 간 전문의를 소개받아 10월 12일에 시술 날짜를 잡고 예약하고 집에 돌아오는데 말이 안 나왔다. 다른 사람들은 대장암 수술도 안 하고 100살까지 잘사는데 나는 독한 사람도 아니고 젊은 시절 잘 나갈 때는 봉사도 많이 하고 나름대로 착하게 살았는데 어떻게 이런 두려운 병이 두 번이나 오느냐 하고 또 울었다.

우리 아이 학교 다닐 때 육성회비 못 내는 아이들이 있었다. 담임 선생님에게 말해서 그 학생에게는 말하지 말고, 그 학부모에게도 말하지 말고 모른 척해달라며 한 열 명은 족히 되는 아이들에게 장학금을 준 적이 있다. 그 아이들은 공부도 잘하고 후에 대학교도 장학금으로 갈 정도로 훌륭하게 잘 자라서 내 마음이 무척 행복했었다. 우리 아이가 알게 되면 친구 사이 서로 부담스러울까 싶어 지금 50살이 넘은 아들에게도 말하지 않았다. 헌데 이렇게 글을 쓰니 웃음이 나온다.

목이 아파 통증클리닉 병원에서 사진을 찍으니 목디스크가 오른팔로 내려왔다고 한다. 여러 군데 병원에 다녀도 주사는 맞을 때뿐이고 통증이 올 때는 밤에 잠도 못 자고 울며 지새웠다.

둘째 아들이 다른 병원을 찾아서 가보았더니 의사 선생님이 친절하게 진찰하시고, 목에 주사 주고 팔과 손목에도 주사를 많이 놓았다. 그 치료를 받은 후로 많이 좋아져서 지금은 한 달 동안 못쓰던 글을 이렇게 다시 쓸 수 있게 되었다. 이 자리를 빌려 감사하고 고맙다는 인사를 전하고 싶다.

## 생즉사 사즉생!

 간암에 걸렸을 때다. 수술 때문에 걱정하고 눈물을 흘리니 의사 선생님이 걱정하지 말라고, 자신도 30대에 간암에 걸렸는데 수술하고 완쾌되어 지금은 건강하게 잘살고 있다고 하면서 나를 많이 위로해 주셨다.
 치료를 다 받고 물리치료실에 있을 때였다. 눈을 감고 가만히 생각했다. '그래 초기에 발견해서 다행이지. 하느님, 부처님 나를 버리지 않고 그래도 예쁘게 봐주세요. 남은 인생 열심히 봉사하고 잘살겠습니다.'

그런 생각을 하고 집으로 왔더니 식구들이 내게 얼굴색이 밝아지셨다고 칭찬했다.

"그래. 오늘 참 기분 좋다. 내가 치료받는 병원 원장님께서 너무 좋은 말씀을 해주셔서 내가 용기가 난다. 이미 병든 몸이 운다고 낫는 것이 아닌데도 자꾸 눈물만 났는데 '서울척앤본신경외과' 원장님 말씀을 듣고 나서 위로가 많이 되고 눈물도 멈추고 마음도 한결 평안해졌다."

옛날 어른들 말씀이 '말 한마디에 천 냥 빚을 갚는다'고 하더니 그것이 이 말이구나 싶어 혼자 웃었다. 기분이 좋아 영감님하고 '소주 한잔합니다'하고 석 잔을 마셨다. 대장암 수술 후에 처음으로 마신 술이었는데 기분이 좋아서 그런지 잠도 잘 잤다.

아침에 일어나니 기분도 좋고 마음도 편안했다.

'그래, 살려고 생각하면 죽을 것이고 죽으려고 생

각하면 살 것이다. 이것은 이순신 장군께서 임진왜란 때 통영 앞바다에서 소리쳤던 말씀이다. 웃는 자에게 복이 온다. 지금부터 많이 웃고 살자. 인생이 별거냐. 죽는 그 순간까지 웃고 살자. 병마와 싸워 이겨야지!' 하는 용기가 우뚝 솟았다.

그날부터 간에 좋은 약은 빼지 않고 계속 잘 먹고 있다. 수술 날이 다가오니 겁도 나고 마음이 초조해졌다. 그래도 '내가 누구냐, 이가원 아니냐. 이 병 하나 못 이기면 되겠나. 이기자!' 하며 웃었다.

그렇지만 몸이 옛날 같지 않고 많이 피곤하였다. 이런 것이 암이구나, 뭐든 잘 먹어내자, 싶었다. 젊을 때는 술도 잘 먹어서 한잔하면 큰 소리 탕탕치면서 노래도 잘 부르고 춤도 췄지만, 지금은 목에서 큰 소리가 안 나온다. 그럴 때면 내가 간암 환자라는 생각을 되새겨야 한다. 그리고 '이 여자야, 정신 차려라!' 하고 허공에서 큰 목소리가 들려 왔다. 글을 쓰다가 깜짝 놀라 천장을 쳐다보았더니 벽에 큰 달마대사 그림이 눈을 크게 부릅뜨고 고함을 친 것이었다.

"아이구 죄송합니다. 이 못난 년 예쁘게 봐주시고 간암 수술 잘해 백수하게 해주십시오."라고 합장하고 삼배하고 "건강하게 살아나면 나름대로 봉사도 많이 하고 나처럼 간암 환자들한테 기도도 많이 해주고 생명이 다하도록 살겠습니다."하고 고개를 숙였다.

밖을 내다보니 초가을 공기가 매우 쌀쌀했다. 수술 날짜가 3일 후라 무섭고 떨려 기도하면서 눈물을 흘렸다.

지나간 내 인생을 돌아보면 굽이굽이 아리랑 고개 넘듯 한세상 잘 살았구나 싶다가 흘러간 추억이 내 눈물을 거두어 주고 웃게 만든다. 보고 싶은 내 친구들 어떻게 변했는지 그 예쁘던 얼굴들이 호호 할매 되어서 허리는 구부러졌겠지, 상상하니 웃음이 절로 난다.

앞산에는 단풍이 곱게 물들고 빨강 노랑 단풍잎을

보니 가을이구나 하면서 웃었다. 좋고 기쁜 일에도 웃지만 슬퍼 울다가도 웃는다. 나는 웃음 전도사로 자처하면서 크게 웃는다.

# 암 환자 친구들에게

"이 세상의 모든 암 환자 친구여!
용기를 잃지 말고 웃으면서 살자고요. 하하 웃으면서 이
거 별거 아니라고 마음을 먹으면, 28청춘이 다시 오진
않아도 행복한 인생을 살 수 있지 않겠소."

이렇게 큰소리치지만, 내일이면 병원에 입원한다
고 생각하니 겁도 나고 눈물도 난다. 거울을 보니 눈
이 퉁퉁 부었다.
    속으로 이렇게 스스로 위로했다.

아침 6시에 일어나 병원에 갈 준비를 하고 대구 팔공산에 계시는 약사여래불 부처님께 삼배하고 설악산 신흥사에 계시는 화엄성중님께 기도하고 남원 마이산에 계시는 산신 할아버지께 삼배하며 기도하고 나니 마음이 가뿐하였다.

병실에서 환자복을 갈아입으니 '지금부터 환자구나!' 실감이 났다. 천지신명께 이 불쌍한 여자를 한 번 더 살려주시면 못다한 봉사도 많이 하고 사는 그날까지 열심히 살겠다고 기도하고 침대에 누우니 눈물도 웃음도 다 사라지고 마음이 편안해졌다.

겁도 안 나고 이상하게 마음이 편안하고 기분도 좋은데, 조금 지나니 "**할머니가 참 건강하신 분이라 마취를 조금 많이 해야 하니 산소기를 빼지 말고 30분 동안 기다리다 병실로 가라**"는 의사의 말이 귀에 다 들렸다. 담당 선생님이 간병인에게 4시간 동안은 절대 움직이지 말고 꼭 환자 옆에 지키고 있으라고 당부했다.

'아픈 데도 없네. 이제는 살았구나, 내가 살았구나. 천지신명이시여, 감사합니다. 감사합니다. 남은 인생 봉사하고 힘닿는 데까지 열심히 살겠습니다.' 속으로 이렇게 외쳤다.

이 세상의 암 환자들이여, 암 걸렸다고 울지 말고 포기하지 않으면 100세까지 살 수 있으니 용기를 내어 빨리 병원 가시고 수술받아 즐겁게 제2의 인생을 건강하게 웃으며 사세요. 부끄럽게 생각하지 말고 마음 편히 수술받으면 더 수술도 잘 되고 좋습니다. 용기 내어 잘 살아 봅시다.

병원에서 퇴원하여 며칠을 쉬고 있다. 85년을 울며 웃으며 살아온 세월을 생각하니 한나절의 일처럼 머리를 스친다. 창밖은 앞산에 빨강 단풍이 나를 보고 웃고 있는 것 같다.

# 인사의 말

　가을바람이 제법 쌀쌀해서 나는 꼼짝도 안 하고 방에 누워 별 생각 없이 천장만 멍하니 있으니 바보가 된 것 같습니다. 그래 자리를 박차고 일어나 펜을 잡고 글을 씁니다. 하루빨리 이 책이 세상에 나가서 많은 사람이 읽어 보고 그 여자 한평생 잘 살았구나 하면서 나처럼 웃어주길 바랍니다.

보고 싶은 친구들아, 서로 소식 전하지 못하고 살았기에 참 많이 보고 싶구나.

암 덩어리 떼내고 건강해져서 돌아오면 우리 만나 옛이야기나 하면서 한껏 웃어보자꾸나. 소주도 한잔하고 맥주도 한잔하며 호기롭게 웃어보자.

## 청년들에게 드리는 당부의 말

건국대학교 앞에서 초밥 장사를 하다 보니 손님 중에 학생들과 청년이 많이 옵니다. 그들이 웃으면서 맛있다고 잘 먹는 모습을 보면 얼마나 아름다운지 모릅니다. 그런 청년들이 요즘 취업도 결혼도 힘들기에 희망이 없다고 다들 말합니다. 이제 나는 할머니가 되었지만 힘없는 젊은 청년들을 보면 너무나 안타까워서 기운이 나도록 격려하고 싶습니다.

아마 부모 잘 만나서 편하게 인생살이를 시작하는 사람들도 주변에 있을 것입니다. 그런 사람들에 너무 신경 쓰지 말고 내 갈 길을 가는 것이 좋습니다. 그 길 위에서 작은 행운을 만날 수도 있고 큰 기회를 잡을 수도 있습니다.

영원하지 않은 젊음을 긍정적인 생각으로 후회 없이 누리기를 바랍니다.

# 연표

| | |
|---|---|
| 1940년 | 경남 의령군 의령면 무전리에서 7남매 중 막내 딸로 출생 |
| 1950년 | 한국전쟁 시작 |
| 1957년 | 의령고등학교 입학 |
| 1960년 | 제일모직 입사 |
| 1965년 | 결혼하여 경남 진양군 대곡면에서 시집살이 시작 |
| 1966년 | 첫 아들 출산 |
| 1968년 | 둘째 아들 출산 |
| 1969년 | 부산에서 새 살림 시작 |
| 1970년 | 부산에서 방직회사 출근 |
| 1970년 | 양정동 시대 - 구멍가게 개업 |
| 1973년 | 부전시장 시대 |
| 1971년 | 셋째 아들 출산 |
| 1974년 | 학부형 이사 활동 시작 |
| 1975년 | 연지동 이층집으로 이사 |
| 1976년 | 서면 '다나카페' 개업 |
| 1977년 | 부산진구청에 기부 |
| 1980년 | 의령 자굴산 절로 가는 길 내기 |
| 1981년 | 서면시장 럭키회사 대리점 시작 |
| 2010년 | 한국상호신용금고 사건으로 부도를 맞다 |

2016년    제주도에 민박집을 열다
2018년    건대 앞 '스시오' 개업
2021년    대장암 수술을 받다
2023년    간암 시술

# 할매가 쏜다!

## 와서 밥먹고 가라!

### 스시오 식사 제공

이 책을 가지고 저자에게 싸인을 받으시는 분들에게는 스시오 건대점에서 1인분의 식사를 제공하겠습니다.

NO. 000000000000

스시오
건대점

낙제

2024.년 청룡의 해
용감가고 재수 대통하엽시오.

# 개 같은
# 내 인생

**발 행** 2023년 12월 12일
**저 자** 이가원
**편 집** 임신희
**디자인** 신정범
**펴낸곳** 주식회사 위메이크북
**주 소** 서울시 성북구 화랑로 211
　　　　성북벤처창업지원센터 209호
**값** 　　15,000원

ⓒ 이가원 2023
*본 책은 저작자의 지적 재산으로서 무단 전재와 복제를 금합니다